Lu†her

Hallo, kleiner Mensch!
Herzlich willkommen auf dieser Erde.

Lu†her

Hallo, kleiner Mensch!
Herzlich willkommen auf dieser Erde.

© 2017 Lu†her

Lektorat, Korrektorat: Bianca Weirauch

Verlag: tredition GmbH, Hamburg

ISBN

978-3-7439-7545-3 (Paperback)
978-3-7439-7546-0 (Hardcover)
978-3-7439-7547-7 (e-Book))

Printed in Germany

Das Werk, einschließlich seiner Teile, ist urheberrechtlich geschützt. Jede Verwertung ist ohne Zustimmung des Verlages und des Autors unzulässig. Dies gilt insbesondere für die elektronische oder sonstige Vervielfältigung, Übersetzung, Verbreitung und öffentliche Zugänglichmachung.

Wie schreibt man einen Erziehungsratgeber ohne Rat zu geben?

Wie stellt man die Komplexität des menschlichen Lebens dar? Versucht dabei, die Krux, aber auch die Genialität des Lebens einzufangen?

Was möchte man am Ende seinen eigenen Kindern mitgeben?

Ich widme dieses Buch all jenen, die mit einem Staunen durch ihr Leben gehen, aber insbesondere meinen leiblichen Kindern Ines und Benedikt und meinen beiden Buben, die mir das Leben geschickt hat, Tristan und Konrad. An sie alle habe ich bei meinen Zeilen gedacht und in Gedanken mit ihnen gesprochen.

Mein Dank gilt auch all jenen, die sich viele Stunden meine Entwürfe anhören mussten, mir geholfen haben aus vielen handschriftlichen Notizen ein Buch zu formen. Schlussendlich auch Korsika und der Gnadenalm. Ohne diese beiden wunderbaren Orte hätte es mein Buch nie gegeben.

Lu†her, im November 2017

Vorwort zur ersten Lesung, Juni 2015

Bücher gehören gelesen. Manche Bücher gehören vorgelesen, andere wiederum gehören diskutiert. Wie und warum ich geschrieben habe, was ich geschrieben habe, kann ich nicht mehr sagen. Es mag wohl Teil der Philosophie in mir sein. Bildhauer behaupten, dass die Figur bereits im Stein existiere und es lediglich die Aufgabe des Bildhauers sei, sie aus dem Stein zu holen. So mag es mir ergangen sein, an jenem wirklich idyllischen Marktplatz in Korsika. Einen Espresso, einen Block und einen Stift vor mir, eine Idee in mir. Wohin der Weg mich führen sollte, wusste ich damals nicht. Nun aber, nachdem ich das Wort »Ende« zu Papier gebracht habe, bin ich mit dem Ankunftsort sehr zufrieden. Natürlich wird jedes Schriftwerk niedergeschrieben, korrigiert, lektoriert, was ohne Zweifel die Qualität steigert, aber hier und heute lese ich das Original, den Ursprung, die Quelle, die sich erst zum Fluss formen muss, ihren Weg finden muss – manchmal wild und unzugänglich –, aber doch voller Kraft und Reinheit ist. So ersuche ich alle Leser und Zuhörer um Nachsicht, um Einsicht. Ich kämpfe mit vielen Dingen, Sätze sind manchmal falsch, meine Schrift nach Stunden des Schreibens verwischt und manchmal schwer lesbar – gleich dem Ursprung. Was der Sinn, der Zweck ist, ein Buch herauszubringen – reich werden oder die Welt an den eigenen Weisheiten teilhaben lassen – ich kann es nicht sagen. Ich weiß nicht, ob es ein Buch wird, sodass sich mir für die Frage nach dem Zweck folgende Antwort darstellt: Lesen und es in die Welt bringen, zuhören, mitdenken, mitreden, mitteilen, einladen. So soll es sein.

Wien, am 23.06.2015

Hallo, kleiner Mensch, und herzlich willkommen auf dieser Erde

Ohne dass du es merkst, bist du bereits etwas ganz Besonderes und in vielerlei Beziehung als Mensch einzigartig unter den anderen Lebewesen dieser Erde. Oder kennst du ein anderes Säugetier, das bei seiner Geburt laut brüllt? Es ist, also ob du deine Missbilligung für den durchaus dramatischen Vorgang der Geburt gleich zum Ausdruck bringen möchtest und, das ist das Grandioseste: Alle, die dich hören, freuen sich darüber – die Mama, die Hebamme, der Onkel Doktor und der stolze Vater, der, noch leicht gezeichnet von deiner Geburtsbegleitung, der Welt verkündet: *Seht her, das ist mein Kind.* Aber sei getrost, kleiner Erdenbürger, das bleibt nicht so. Früh genug ertönen Laute in deinem Ohr, wie: *Jetzt hör auf zu schreien, und Bitte sei ruhig.* Jetzt bist du zusammen mit 15 anderen im Spital die Nummer eins. Alle anderen Säugetiere sind still bei ihrer Geburt und auch nachher ist einiges anders. Du liegst, dein Kopf hält nicht von alleine, vom Gehen ist noch längst keine Rede. Bist auch später das einzige Lebewesen, das krabbelt auf dem Weg zum Gehen, und das mit einer Novität, die sich außer dir kein anderes Säugetier leisten kann. Du besitzt eine Windel. Hundemütter, zum Beispiel, fressen den Kot ihrer Jungen. Deinen Eltern bleibt das erspart. Sie schnallen dir ein Stück Kunststoff um, schmieren dich mit Babycreme ein und strahlen dich an wie das größte Wunderwerk des Universums. Wenn du einen roten Kopf bekommst und drückst zum Beweis deiner Tat, riechen sie freiwillig an deinem Strampler. So beginnt dein Leben, doch, gleich der Vertreibung aus dem Paradies, es soll nicht so bleiben. Denn freut sich deine Mutter vorerst über jedes Bäuerchen, nennt sie es später Rülpsen und das gehört sich, zumindest in unserem Kulturkreis, nicht. Gleich vorweg, auch dein Kacki interessiert später niemanden mehr. Ganz im Gegenteil, du wirst genötigt, den Umgang mit der Klobürste zu lernen und alles sauber zu hinterlassen. Ein paar der Besonderheiten des Lebens, die das Menschsein heute mit sich bringt.

Es ist die Frage nach dem Unterschied, der alles ausmacht, und es scheint, der Alltag sorgt dafür, dass wir nicht hinsehen und es betrachten. Was ist anders? Bist du kein

Teil der Natur, kein Teil der Lebewesen dieser Erde? Wohl nur bei Zeugung und Geburt, mein lieber neuer Erdenbürger, da ist wahrlich kein Unterschied. Biologisch ist alles wie bei den anderen Säugetieren. Was es aber nicht gibt, ist das Kitz, das bei der Geburt schreit und ein bis zwei Jahre braucht, um ordentlich das Laufen zu erlernen, damit der böse hungrige Wolf es schneller findet und dann längere Zeit zu fressen hat. Beide, das Kitz und du, haben aber eines gemeinsam: Ihr seid Teil eines Systems. Doch während das Kitz von Natur aus für das System Leben im Wald ausgestattet ist, scheint es, als hätten die Großen eigene Systeme geschaffen, um deinen Bedürfnissen zu folgen. Das Spannende ist nun, dass genau einer nicht gefragt wurde und natürlich auch nicht gefragt werden kann. Das bist du, denn während dich das System Eltern bereits wahrnimmt, ist das für dich noch weit weg. Du darfst in deinem Zustand alles, inklusive deine Eltern die ganze Nacht wachhalten. Und sie lieben es, sie lieben dich. Gut, rein physiologisch betrachtet, ist es dein Duft, der bestimmte Hormone bei deinen Eltern wachruft und sie dich deshalb über alles lieben lässt. Bei Eltern mit mehreren Kindern relativiert sich das. Allerdings wer von uns Mitteleuropäern ist schon Teil einer acht- oder zehnköpfigen Familie? Nicht mehr viele, das Einzelkind ist heute im Vormarsch. Fakt ist, du bist das Produkt zweier Menschen und die Motive für deine Zeugung mögen unterschiedlich sein, wobei die ehrlichste noch spontaner, ungeschützter Sex ist – sozusagen Wollust. Denn über alle anderen Motive sollten wir lieber nicht genau nachdenken. Sie sind nämlich nicht das, was sie uns versprechen. Solltest du also hören, dass du ein Wunschkind warst oder bist, dann freu dich ob dieser schönen Worte. Denn wer hat es nicht gerne, in einer Gemeinschaft gewünscht zu werden? Es besteht die aktive Möglichkeit einer anderen Interpretation, später werde ich noch darauf zu sprechen kommen. Denn alles Verdeckte im Leben kommt – wie es mir den Eindruck macht – zu uns zurück. Das ist übrigens eine Eigenschaft, die uns Menschen wohl einzigartig macht auf dieser Welt. Die Fähigkeit der ertragbaren Wahrnehmung.

Ich möchte diesen Gedanken kurz aufgreifen. Zeus, der Göttervater, wollte den Menschen, entgegen der christlichen Mythologie, nichts Gutes. Er konnte uns Menschen nie leiden, vernichten wollte er uns, und Prometheus, der so viel für uns Menschen gelitten hat, wurde gezwungen, die Büchse der Pandora zu schaffen. Er musste alles Böse in die Büchse geben, was uns Menschen zusetzte. Doch Prometheus gab als Letztes – und stellte es vor Zeus als das Gemeinste überhaupt dar – die trügerische Hoffnung hinzu. Zeus war erfreut. Prometheus war es abermals gelungen, dem Göttervater ein Schnippchen zu schlagen. Ohne Hoffnung – auch wenn sie trügerisch zu schein scheint – gibt es für uns Menschen keine Zukunft. Egal, ob Krankheit, finanzielle Sorgen, Beziehungs- und soziale Sorgen und Katastrophen des Lebens, stets ist es die Hoffnung – oft trügerisch, aber doch –, die uns zur Seite steht. Ich denke, die Fähigkeit der ertragbaren Wahrnehmung ist oft eine Folge der trügerischen Hoffnung, und dafür danke ich Prometheus und gebe auch zu bedenken, dass es diese Hoffnung ist, die der erste schriftlich formulierte philosophische Ansatz war – mit einer großen Tragweite. Denn Hoffnung schafft Wirklichkeit und der Wirklichkeit folgt die Realität. Zeus hat verloren, der Übergott der Vernichtung wird zum Gott der Liebe und schenkt in finsterer Stunde Kraft und Zuversicht.

Nur du weißt noch nichts davon, wie denn auch, du liegst meist auf dem Rücken, schaust in viele Gesichter, steckst dir bunte Plastikstücke in den Mund. Das Leben scheint fair zu sein. Geldsorgen, Beziehungsstress, die Arbeit, Schule, Kampf gegen deine Sucht und Süchte – alles weit weg, noch unbekannt. Was dich quält, sind *das Butschi* und die Zähne, die kommen. Apropos Zähne: Es soll Menschen geben, die haben dann ein Leben lang Ruhe, die meisten Menschen jedoch begleitet das Wort Zahn zeitlebens. Stell dir vor, es gibt dann Menschen, die sich sogar nur und ausschließlich ein Leben lang für deine Zähne interessieren werden, die nennt man dann Zahnarzt. Wie du merkst, stimmt man zunächst ein System auf dich als Ganzes ab, zerlegt es später in all die einzelnen Körperteile und sogar für deinen Geist wird es Systeme geben. Nun passiert Folgendes: Die Natur will, dass du wächst, dass du lernst und lebensfähig wirst. Und vor allem, so scheint es, ist der Zweck der Natur, dass du dich fortpflanzt. Im Laufe unseres Lebens begeben wir uns auf die Suche nach dem Lebenszweck, dem Grund des Hierseins. Und in uns ist durch die Erfahrung des eigenen Selbst, des Daseins, die Selbstverständlichkeit, dass es einen Daseinszweck gibt. Das Leben, so trügerisch die Hoffnung, hält etwas für uns bereit, meint es gut mit uns, oder aber auch nicht. Die Vorstellung, dass es uns nur gibt, um sich zu reproduzieren und den Nachwuchs zur Reproduktion seinerseits zu begleiten, ist oft zu wenig. Wir verlangen mehr und gestalten den Willen des Lebens mit unserem eigenen Willen. Dazu braucht es etwas, das vielen Menschen später abhandenkommt: Bewegung. Du beginnst dich aus dem eigenen Antrieb heraus zu bewegen. Bewegen heißt Leben für dich. Und Leben bringt dir die Entwicklung. Deine Hände greifen, deine Beine strampeln, der Versuch sich aufzurichten, sich auf den Bauch zu drehen, deine Stimme erschallen zu lassen. Leider bewegt sich auch in dir vieles, deine Zähne, dein Darm. Und selbige Bewegungen, die wohl gut sind, schmerzen auch oft. Sie tun weh. Und obwohl noch ganz klein, erfährst du Schmerz und Unwohlsein. Zweifelsohne der größte Drang nach Leben, weil es in diesem Fall Überleben heißt. Die Großen wissen das und haben für diese Dinge Systeme, die dir dabei helfen, weniger Schmerz ertragen zu müssen. Die Motivation, warum sie dir helfen, ist mannigfaltig. Und die offensichtlichste Motivation ist immer doch die, weil sie dich lieb haben.

Hier erfahren wir etwas über Systeme. Dem System in seiner Handlung wird eine Zielorientierung, keine Motivorientierung zugeschrieben. Du erfährt jetzt noch etwas: Über das Motiv nachzudenken, später wirst du es reflektieren nennen, macht keinen Sinn. Ich beschreibe hier keine Reflexion im technischen Sinn nach für alle und jeden nachvollziehbaren Parametern, die allesamt eines gemeinsam haben: Sie müssen messbar sein. Motivreflexion ist immer Teil des Motivs und daher keinesfalls zulässig. Deine Zähne, sie tun einfach nur weh, wenn sie durch dein Zahnfleisch durchbrechen. Es gibt Bernsteinketten, Globuli, diverse Mittel für das Zahnen, alles, um dir dein Leben zu erleichtern oder dass du schlafen kannst. Aber was heißt hier: du? Deine Eltern wollen schlafen. Du siehst nun, dass die Motive, warum diese Mittel entwickelt wurden, verschieden sind. Eines aber ist fix: Unternehmen verdienen damit ihr Geld. Deine Schmerzen sind ein durchaus ernst zu nehmender Wirtschaftsfaktor. Entwicklung, Produktion, Vertrieb, Konsument, Entsorgung. Eine lange Kette, in der irgendwo, mittendrin, mit ziemlicher Sicherheit auch deine Eltern zu finden sind. Über das Wort Motiv nachzudenken, ist wie Phrasendreschen, denn das Motiv an sich gibt es nicht. Und doch muss ich dir sagen, werden später Große zu dir kommen, um dein Verhalten, dein Sein, gleichsam nach dem Motiv suchend, zu hinterfragen. Sie werden es reflektieren nennen. Und haben dabei vergessen, was ihnen bei dir jetzt noch völlig klar ist: das Ergebnis zählt: Dein Zahnweh ist besser, du schläfst, Mama und Papa haben ein wenig Zeit für sich und füreinander und schlafen auch. Langsam, aber sicher findet dein vieles Bemühen und deine Beharrlichkeit, dich zu bewegen, ihre Belohnung. Dein Kopf wackelt nicht mehr unkontrolliert, du kannst dich aufsetzen, du lernst greifen und damit begreifen, und, was das Wichtigste ist, du kommst ihm näher, dem Moment, in dem du alleine, nur aus eigenem Willen, deinen ersten Positionswechsel in dieser Welt durchführst, der dich weiterbringt als nur vom Rücken auf den Bauch und wieder zurück. Neben der Fähigkeit des Sprechens werden die Großen auch stolz davon berichten, was du für ein Einser-Krabbler bist (nie davor gab es jemanden anderen, der so schnell war wie du), sei dir gewiss, löst dieser Moment doch auch viel Stress aus. Es ist, nennen wir ihn den Startpunkt, wo dein Wille in die Welt kommt und deine Eltern diesen Willen zähmen wollen. Du weißt es nicht, aber dein Krabbeln ist schon super, nur deine Welt verlässt das Kindersystem und stößt auf das System der Großen. Dann erreichst du vom Boden aus so spannende Orte wie Steckdose, Stiege oder einfach den Aufwaschkübel. Du wirst also in deiner Bewegung – zum eigenen Schutz oder aber weil dich der Große, der gerade auf dich schaut, sich nicht 100% auf dich konzentrieren kann – beschränkt. Actio folgt Reactio. Und jetzt kommt etwas Spannendes: das System der Großen reagiert auf deinen Impuls mit einer Handlung, und was erreichen sie damit? Genau, Trockentraining ist angesagt. Aufstehen, auf den Hintern fallen, aufstehen, Oberschenkelmuskulatur und Unterschenkelmuskulatur aufbauen. Und mit dem Airbag, den du trägst, perfekt, ist weiches Landen garantiert. Nun kommt der Tag, an dem du zwar gleichsam der Usain Bolt unter den Krabblern bist, an dem du nicht nur stehst, sondern dich vorwärts beschleunigst, auf deinen Beinen bewegst. Das bedeutet doppelten Stress für die Großen, denn beim Krabbeln konntest du etwas, das du jetzt nicht so ganz beherrschst: das Stoppen. Das führt zu einem doppelten Willenskonflikt. Dein Wille des Vorwärts mit Hoppla und Stopp, den hast du ja brav geübt, gegen den Willen der Großen, die wissen, dass geht sich jetzt und hier unter diesen Umständen nicht mehr aus. Also, rauf auf den Arm und getragen werden. Na hallo, was ist mit denen, ich will runter, aber nein, du bleibst oben, nein, ich will runter. Und, bitte, versteh mich nicht falsch, das ist keine bewusste Entscheidung von dir, wo du dir denkst, he, in diesem Supermarkt verlaufe ich mich schon nicht. Es ist dein Ursprüngliches, das will sich bewegen. Gleich vorweg, es kommt, was kommen muss. Du antwortest auf deine Machtlosigkeit gegen das System mit Zorn, der dich schreien lässt. Erinnern wir uns an deine Geburt, du hast das Licht der Welt erblickt und geschrien. Was geschah? Alle liebten dich und hießen dich willkommen. Glaub mir, das ist jetzt vorbei und anders. Dein Schreien löst weder Liebe noch Freude aus. Mitleid kann ich dir noch anbieten. Später werden sie dir auf der Universität sagen, es sei Kybernetik, das du in sozialen Systemen erfährst. Und doch ist es ein Punkt, an dem ich denke, hier sollte man kurz verweilen, hier passiert gerade unglaublich viel und niemand nimmt sich später die Zeit, um darüber nachzudenken. Warum? Das Triviale will keinesfalls bedacht werden. Doch wir müssen hier innehalten. Weil ich denke, es ist jetzt an der Zeit, auf einige Wörter einzugehen. Bewegung: Deine Bewegung hat eine Reaktion ausgelöst. Und Bewegung ist etwas, das in uns ist. Es treibt uns weiter, es scheint der Funke und die Grundrealität des Lebens zu sein. Wir bewegen uns, aber wir werden auch bewegt. Wir sind die bewegten Beweger. Bewegung kennzeichnet sich durch mehrere messbare Größen. Die Zeit: Vom Aufstehen, Loswackeln bis zum rühmlichen *Windel-Stopp*. Die Strecke: Einmal über den Gehsteig, vom Auto aus, bis, *Ja, wo willst du hin?* Der Energieverbrauch: He, Bewegung macht Hunger.

Und dank der Zähne und der vielen Bäuerchen wird aus dem Babybrei bald eine Knackwurst, außer du bist das Kind von Vegetariern, dann gibt es halt … ich habe keine Ahnung. Sagen wir, du hattest Glück, aus meiner Sicht, und es wird die Knackwurst, alles eine Frage des Systems, und so ist es gut. Deine ersten messbaren Größen sind dein Hunger und natürlich die Streckenweite, die du zurücklegst, denn Übung macht den Meister. Hier sind wir beim nächsten Punkt. Übung und Beharrlichkeit: Das Leben ist mit den Talentierten, aber vielmehr noch mit all jenen, die wissen, üben und dranbleiben. Es gibt dazu viele Forschungen. Talent ist gut, aber die Menschen, die das Talent haben dranzubleiben und fleißig sind, kommen im Leben weiter. Viele wirklich *superobergescheite* Sprüche gibt es dazu:

Übung macht den Meister

Von nichts kommt nichts

Gut Ding braucht Weile

Aber allen ist eines gemein: die Idee der Bewegungsnotwendigkeit im Leben. Ich schließe mit: *Sich regen, bringt Segen.* Doch was hilft es, noch und jetzt gerade erfüllst du alle diese Volksweisheiten in einem oft beängstigenden Ausmaß. Macht und Ohnmacht, nein, stopp! Halt! Ich komme nicht umhin, dir jetzt an dieser Stelle von zwei Menschen zu erzählen, die sich über diese Begriffe viele Gedanken gemacht haben. Nennen wir den einen Menschen Schopenhauer und den anderen Menschen Nietsche. Während die Welt für den einen als Wille und Vorstellung galt, wobei es so etwas wie einen überall gültigen und über alles stehenden Willen, gleichsam universell gültig, gibt, wird Nietzsche deutlicher. Die Welt als Wille zur Macht. Nietzsche, weniger harmoniebedürftig als der grantige Schopenhauer, erkennt eines: Das Leben ist ein Kampf, ein Krieg, um seinen Willen durchzusetzen. Und Macht ist dann das Erreichen des Willens. Es lohnt sich ein wenig bei Menschen zu verweilen, die uns eines zeigen: Es darf über das Leben, seine Funktionen, Mechanismen und Systeme nachgedacht werden. Es ist eigentlich unmöglich, selbiges als Mensch nicht zu tun. Nicht denken ist wie nicht durstig. Es gibt auch kein Wort für nicht denken. Genauso wenig wie für nicht durstig. *(Tatsächlich hat meine Lektorin eines gefunden, was mich sehr begeistert. Wenn du nicht durstig bist, bist du »sitt«; gut klingt wie satt, aber immerhin!).* Doch wir Menschen wären keine Menschen, wenn wir nicht den Drang hätten, etwas Besonderes zu sein. Schopenhauer und Nietzsche werden Philosophen genannt. Und ihr Tun wird als Philosophie bezeichnet. Das ist jetzt quasi für viele das große Pfui, denn Philosophie ist Geisteswissenschaft, Universität und wirklich nicht von dieser Welt. Kleiner Mensch, wenn du das erste Mal nach etwas greifst, um etwas zu begreifen, beginnt dein ureigenstes Philosophenleben. Wenn du dir das erste Mal die Frage nach dem Warum stellst, bist du sozusagen mittendrin. Du kannst es später gerne negieren und sagen, das sei Blödsinn oder sonst etwas, doch sei dir gewiss, du bist ein Mensch, der Fragen an das Leben und über das Leben stellt, ein Leben lang. Und erst am Sterbebett oder an jenem Ort, an dem dein Geist das letzte Mal die Frage nach dem Warum stellt, hörst du auf, ein Philosoph zu sein. An der Universität, in den Geisteswissenschaften findest du Philosophen, und das ist gut so, und das dürfen sie auch sein. Ich möchte dich jetzt ein wenig mitnehmen zu Schopenhauer. Lass mich dir erzählen. Schopenhauer hat vor langer Zeit, aber vor nicht allzu langer Zeit gelebt. Europa war im Aufbruch, die Wissenschaft unternahm den Versuch, der Religion den Rang abzulaufen. Zu beiden komme ich noch später. Altes traf auf ganz Neues, und mittendrin ein grantiger Mann, der von Frauen so gar keine gute Meinung hatte und auf der Universität in Berlin einen anderen Philosophen namens Hegel traf. Aber weder mit dem Dualismus des Hegels noch mit ihm selbst konnte Schopenhauer umgehen. Hegel war ein Star. Menschen kamen extra, nur um ihn zu hören, stell dir das einmal vor. Fernsehen, Internet und Radio gab es natürlich noch nicht. Und Hegel, er füllte die Säle. Schopenhauer sah sich als Gegengewicht. Gut 500 Zuhörer bei Hegel, 10 Zuhörer bei Schopenhauer, aber immerhin. Und obwohl das so war und er seinen Hund *Mensch* nannte, möchte ich, dass du ihn anders siehst. Als Junge, auf dem Weg zum Mann, unternahm sein Vater, ein reicher Kaufmann, mit dem jungen Schopenhauer eine Europareise, bevor es für ihn weiter in die nächste Ausbildung gehen sollte. Schopenhauer hatte nun auf seiner Reise viel gesehen: Städte, Berge, Meere, Flüsse, Länder und Kulturen, aber weißt du, was er am meisten gesehen hat? Was ihn zutiefst bewegt hat? Das Elend, das Leid, der Schmerz, aber auch die Grausamkeit des Menschen. Schopenhauer war so ergriffen nach seiner Reise, dass eine einzige schwerwiegende Erkenntnis in ihm hochkam: Dies muss wohl die schlechteste aller möglichen Welten sein, denn noch ein weniger schlechter und sie würde sich selbst vernichten. Fühlst du die Ohnmacht in ihm? Wie ein Kind, das nicht laufen darf, ein Schrei der Missbilligung. Schopenhauer lehnt den Weg, den sein Vater für ihn vorgesehen hat, ab.

Ein anderer Philosoph, der lange vor Schopenhauer gelebt hat, war sich dessen bewusst und formulierte, dass der Krieg, die Spannung und die Differenz der Vater aller Dinge seien. Schopenhauer, hineingeboren in eine Kultur, in der Leid und Erlösung von Leid eine ausschließlich göttliche Frage und Angelegenheit waren, konnte nicht hinsehen. Sein Ich, sein junges Ich, erfüllt von dieser Abscheu, suchte nach einer Lösung und fand Trost im Buddhismus und seinen Lehren, die ihren

Ursprung im weiten Indien hatten. Die Europareise bewirkte also ein Abbiegen im Geist dieses Mannes, den selbiger nie erfahren hätte, wenn er doch bloß daheim geblieben wäre. Das System, die Welt ist auch nur Vorstellung. Vorstellung des Bösen, des noch zu Lernenden; aber der Wille, das Universelle ist das Übergeordnete, das Reine, das Vollkommene. In dieser Erkenntnis, die dem Buddhismus wohl auch sehr nahe kommt, fand Schopenhauer die Möglichkeit, geistig zu überleben. Es war sein Paradies. Warum ich dir das erzähle? Weil der Punkt kommt, wo dein Wille, und sei es der Wille zur Gerechtigkeit, Fairness oder sonst was, auf die Übermacht des dich umgebenden Systems stößt und ich dir Modelle anbieten möchte. Es kann aber auch sein, dass dein Wille im Kurzen liegt. Hier möchte ich dich noch einmal zurückführen. Du kommst auf die Welt, und die Welt schien ein System zu sein, das nur dafür geschaffen wurde, um für dich da zu sein, um dir den größtmöglichen Raum zu schaffen, dich zu entwickeln. Eines hatte dein Leben aber damals nicht: Konflikte. Deine Welt war zwar ein Konfliktherd, aber du, als Säugling, warst dem komplett übergeordnet.

Erst deine Mobilität als Ausdruck deines Willens machte das System zu einem Konfliktsystem, auch für dich. Als deine Sparringpartner präsentieren sich Mama und Papa, dann gibt es die entschärften Varianten mit Oma und Opa, Onkel und Tante etc. ... Und du merkst, dass jedes System auf Konflikte mit Strategien antwortet. Allerdings bist du noch immer geschützt, denn der Konflikt, den deine Eltern mit dir führen, ist auch ein Schutzkonflikt - nennen wir ihn Konflikt erster Ordnung. Was ist der Unterschied? Deine Eltern, dein System, Krabbelstube beispielsweise, wollen dir Gutes und unterstellen dir keine Absicht, sondern pures, reines kindliches Bedürfnis. Du darfst krabbeln, laufen etc., wollen, aufbleiben, nur es ist halt nicht immer passend und gut. Die Großen übernehmen hier für dich den Part des Kümmerers. Sie entscheiden gleichsam über die Grenzen des Raumes, in dem du dich bewegen darfst. Was witzig an der Sache ist: Später ist es wieder da, das Bedürfnis. Was braucht man in einer Welt, die bereits den Konflikt zweiter Ordnung bestreitet? Den der Motivunterstellung. Der hat, der tut, der sagt. Du wirst es im Kindergarten und in der Schule noch sehr oft üben können. Doch zurück zu Schopenhauer. Wenn sich ein allgemeiner Konflikt zweiter Ordnung nicht mehr innerlich ausgeht, dann sucht der Mensch nach Heil, nach dem Heiland, dem Führer, dem System, dem Zustand der Sicherheit. Religionen und spirituelle Ideen versuchen diese Rolle zu übernehmen. Die Realität ansich ändert sich durch die Hereinnahme von Religion leider nicht, aber – und hier kommt die Hoffnung – es verschiebt deine Sicht auf selbige Realität, die Fähigkeit der annehmbaren Wahrnehmung. Doch all dies ist für dich noch weit weg. Heute gibt es für dich nur das eine: laufen. Und zum ersten Mal in deinem Leben versagt das System. He, was ist hier los, ich darf nicht. Dieses Nichtdürfen ist etwas Neues, denn bis heute hast du die Welt erfahren als einen Ort, in dem du der alleinige Herrscher warst. Die Großen denken zwar, sie hätten dich unter ihrer Obhut, aber eben selbige ist es, die sie selbst zum Gegenstand deiner Welt werden lässt. Zum ersten und einzigen Mal folgen sie nur dir. Warum und wie, wirst du dich fragen. Du bist ihr Lebensinhalt geworden und damit gleichsam das Zentrum des puren unverfälschten Seins. Und sei es, dass sie einfach die andere Seite sein wollen. Doch dieser Zug ist für dich immer aus deinem Leben abgefahren. Du wolltest ja unbedingt mobil werden. Und nun machen die Großen etwas, was dich unmittelbar zum Teil ihres Systems macht. Sie bieten dir etwas an, einen Ersatz, um die Einschränkung deiner Mobilität auszugleichen. Dieser Moment ist der erste in deinem Leben, wo dir bewusst die Stellung einer kleinen Person im System Familie und Umfeld, Kinderstube etc. eingeräumt wird. Dein Ich stößt an eine Grenze und gleichzeitig auf eine Umleitung deiner Bedürfnisse. Denn eines ist ganz klar: Du willst laufen. Um es zu üben und weil du merkst, ich kann es. Da stehst du also, dein Gesicht zornig, missmutig und reagierst auf die Umleitung durch den Großen. In dieser Reaktion kann jeder Außenstehende sehr leicht feststellen, ob es für dich nun passt oder nicht. Spannenderweise sieht der Deal so aus, dass der Große aktiv mit dir agiert, beispielsweise mit *Hoppe hoppe Reiter*, es passiert Folgendes: Der Handel funktioniert, für dich und für den Großen. Jeder Außenstehende wird zwei lachende gelöste Gesichter sehen, die für einen Moment ein in sich geschlossenes System bilden, und die Umleitung macht tatsächlich zwei Menschen glücklich. Anders sieht das natürlich aus, wenn du einfach gehalten wirst, der große Mensch wendet sich dann vielleicht auch noch einem dritten Menschen zu, na dann, aber hallo, da geht es nun zur Sache. Dein Bewegungsdrang schlägt um in Aggression und die damit verbundenen Körperreaktionen. Auch dies sieht jeder Außenstehende und könnte sie sehr gut beschreiben. Und wenn du später wissen willst, wie du dich damals gefühlt hast, such dir doch einen kleinen Menschen, der gerade an diesem Punkt angekommen ist, und imitiere ihn. Du wirst eine unglaubliche Lust verspüren und verstehen lernen, warum der Kleine ab jetzt immer so reagiert. Doch halt! Es folgt noch etwas, das eine Reaktion des Systems ist. Der Große reagiert. Dein Toben, dein Tun veranlasst den Großen zu reagieren, und nicht nur das, auch der Dritte, der Vierte, alle beginnen sich auf dich zu fokussieren und zwingen den Großen gleichsam damit zu einer Handlung. Später werde ich dir sagen, dass das jetzt Kybernetik zweiter Ordnung ist. Und ohne dass du es bemerkt hast, hat ein System, das nicht deinen Zweck im Auge hatte, auf dich reagiert. Was hast du gemerkt? Du bist auf ein System gestoßen, das dich von deinem Willen abgebracht hat. Je nach Angebot des Systems – und das Angebot gibt es immer –, ob es in Wirklichkeit eine Parallelstimme erzeugt oder eben nicht. Im ersten Fall wird es sich dadurch auszeichnen, dass es in sich selbst steht und für alle Beteiligten zufriedenstellend ist. Der zweite Fall löst eine Reaktion aus, die das System vorerst versucht zu unterdrücken. Gleichsam stößt dein Wille zum Nein auf die Beharrung oder das Trägheitsmoment des Systems. Kommen Beobachter von außen hinzu, wird das System reagieren, und nicht nur das. Das Beobachten verändert den Beobachter in dieser Sekunde und damit wieder die Realität, in der er sich gerade befindet. Du glaubst es nicht, kleiner Mensch, genau das bekommst du sofort mit und lernst es als erste Waffe zur Willensdurchsetzung zu praktizieren. Bewusst? Nein, aber dafür mit einer wirklichen spannenden Konsequenz. Du wirst richtig gut darin. Stell dich einfach in einen Einkaufsladen und lerne zu beobachten. Mutter, Vater, der kleine Mensch und Einkaufswagen. Die Reaktion dauert manchmal, beobachte das Kind und seine Eltern, sie alle laufen kurz nebeneinander. Doch nicht lange, der kleine Mensch will runter. Erstes Nein. Pseudoangebote. Abgeschlagen. Und jetzt kommt es: Haben die Eltern einen Plan und Auftrag, warum sie in einen Einkaufsladen gehen, ist die ganze Aktion inklusive Einkaufsladen für den kleinen Menschen nur ein Hindernis im Tun. So, und jetzt: Erstes Gequake, Raunzen, Schreien. Beobachte das Umfeld, alles steht. Die Handlungen werden eingestellt, Köpfe drehen sich und, obwohl sich niemand aktiv einmischt, kommt es zu einer Reaktion der Eltern. Diese Reaktion liebe ich, sie erzählt dir alles, sie ist unverfälscht, und aus dem kleinen Menschen ist durch die Beobachtung der anderen ein bewegter Beweger geworden. Spannend sind für dich aber die Beobachter, denn in ihren Gesichtern liest du alles. Du musst die Eltern mit dem kleinen Menschen nicht sehen, schau dir einfach nur die Zuseher an. Das ist übrigens wie mit dem Motiv, was vorne geschieht, mag einen bestimmten Voyeurismus in uns stillen, doch lernen und bemerken kannst du nur über die zweite Ebene. Warum? Weil wenn du direkter Zuseher bist, nimmt dich das Spiel des Lebens mit. Es sprichst alles in dir an. Und du wirst und bist ein Teil des Systems. Aber als Beobachter des Beobachters bleibst du außerhalb des Systems und gewinnst Eindrücke, die dir sonst verwehrt geblieben wären. Aber – ich musste es loswerden, kleiner Mensch -, wirklich, wirklich lustig wird die Szenerie dann, wenn die Eltern alternative Erziehungskonzepte ausprobieren. Der kleine Mensch darf laufen. Viel, viel Spaß beim Beobachten. Präge dir ein, wie es dir geht in deiner eigenen Beobachtung und was passiert, wenn der kleine Mensch, nach Grenzen rufend, die Beobachter auf den Plan ruft. Dann sieh dir die Reaktionen und die Gesichter an. Anders, ganz anders als im ersten Fall. Und hier sind wir schon mittendrin im Konstruktivismus. Zwei Lösungen, beide arbeiten nicht, wie es scheint. Was wäre also das Mögliche? Die dritte Lösung? Mama, Papa und der kleine Mensch finden über die Interaktion einen Weg, ein gemeinsames Drittes zu bilden. Und hier muss ich der Idee des radikalen Konstruktivismus genauso widersprechen wie der Homöostase in der Kybernetik. Es gibt einen dritten Seinszustand. Ein Konstrukt, das sich dadurch auszeichnet, im ungeregelten Zustand zu bleiben. Eine geschlossene Einheit, ein geschlossenes System, gleich bildend. Die Dauer ist dabei nicht entscheidend. Woran ist es messbar? Zwei Dinge. Diese Blase löst keinen Beobachter aus. Es wird niemand sein Tun unterbrechen um hinzusehen und eine bewusste Beobachtung löst die Blase wahrscheinlich auf. Die Gesichter bleiben wie leer, vielleicht ein scheues Lächeln. Oft sind es Kinder, die diese Blasen anderer finden, sie ihren großen Begleitern zeigen und damit selbige auflösen können. Außer die Intensität ist unter dem Beharrungsmoment der Blase, dezent ist es zu nennen.

Kleiner Mensch, hier ist das Geschenk des Lebens an dich, an mich, und, es ist so schön, wir dürfen Teil solcher Blasen sein und werden, und vor allem sind wir die einzigen Lebewesen, die selbige aktiv bilden können.

Vielleicht wäre es vielen großen Köpfen gut gestanden, zwei Tage im Supermarkt zu verbringen. Auch Systeme können solche Blasen später bilden, das sind dann Gemeinschaften. Eins und eins werden drei. Die Alternative dazu ist stets eine Null. Als kleiner Mensch, die Hand haltend, weißt du das noch. Wie schön ist das. Auch hier, wenn du lernst, eben diese Blasen zu sehen, fühle hinein, mache die Gesichtszüge nach. Diese Blasen zeichnen sich dadurch aus, dass sie anscheinend keine Energie nehmen – ganz im Gegenteil. Wie um dem Leitsatz der Entropie zu widersprechen, kann hier ein Perpetuum mobile zweiter Ordnung gesehen werden, das mehr Energie bereitstellt, als es beinhaltet. Und das Leben, kleiner Mensch, ist so voll der Verletzungen und Aufwände, um der Entropie des Lebens zu entgehen, dass wir möglichst alle Momente dieser Art nutzen sollten. Du merkst vielleicht, nicht jedes Wort ist dir geläufig, das ist gut so. Denn zum Nachdenken gehört auch, selbst herausfinden. Du hast gerade herausgefunden, wie dein Körper funktioniert, und das hat dich Monate deines Lebens gekostet. Lerne doch herauszufinden, was manche Begriffe heißen, bedeuten, und überlege, warum verwendet der Autor sie gerade? Die Philosophie verwendet viel Zeit und Energie, um über den Urzustand nachzudenken. Hier ist er. Du willst etwas lernen, etwas verstehen, wachsen? Dann tu es! Als Kleinkind war das zu 100 % normal für dich und anders auch gar nicht möglich. Tun im Sinne des Interagierens, nach außen, aber auch im Selbst – sozusagen: Intra-Agieren, das eben ist gleichzusetzen mit diesem Urzustand.

Über die trügerische Hoffnung lohnt es sich nachzudenken, wie es scheint. Zeus ist wohl das prominenteste Opfer. Doch auch Prometheus, dem heute Ähnlichkeit mit Jesus, dem Sohn Gottes, zugeschrieben wird, erfuhr die Transformation aus dem Güter und Förderer und wurde ein Erlöser. Besonders kompliziert wird es, wenn wir dem Saulus, zum Paulus mutierend, folgen, denn es scheint, er begnügt sich nicht mit der Hoffnung, sondern er setzt noch einen drauf: den Glauben. Der Glaube ist die gesicherte Erwartung erhoffter Dinge, obwohl wir sie nicht sehen. Zeus, wieder der Getäuschte, lässt mit seiner Rache nicht warten. Aus der trügerischen Hoffnung wird mehr. Es wird ein Glaube. Paulus und Augustinus sind seine Propheten. Der eine nimmt uns diese mächtige, starke und trügerische Hoffnung und gibt uns einen zahnlosen Glauben. Der andere verwirft die Ethik und schafft die Moral. Ich glaube an den Fehler zu glauben. Ich hoffe, oft trügerisch, aber doch kraftvoll. Als Beispiel ist diese Geschichte jedoch ein Klassiker im Vermischen der Ebenen. Im Sehen, wie das eine das andere auslöst. Hoffen ist in uns. Interessanterweise war es Zeus im Versuch uns das Hoffen abzugewöhnen, der gleichzeitig zeigt, wie machtvoll die Hoffnung ist und arbeitet. Wer hofft, sollte sich hinsetzen und überlegen. Wie merke ich, dass sich meine Hoffnung erfüllt und vor allem, wie fühlt es sich an, wenn sie sich erfüllt hat. Ein Benennen in all unseren Sinneseindrücken und Wirklichkeiten schafft dann die Realität. Kinder können das, sie stellen sich vor, leben und durchleben eine Vorstellung und immer, unter Berücksichtigung der Trägheit des Lebens, erfüllt sich die eine oder andere Hoffnung. Jeder von uns war Kind und hat es noch in sich. Hoffen durch Leben und so selbst die Realität zu gestalten – es gibt kein Versprechen des Lebens, dass uns jede Hoffnung erfüllt wird, aber es gibt die Möglichkeit.

Kleiner Freund, es hat sich viel getan in deinem Leben. Bewegung im Inneren, Bewegung im Außen, ein Systemwechsel und ein Werden von einem Neugeboren, der ausschließlich seinen Naturbedürfnissen entsprach, zu einem aufgeweckten Kind, das durch die Entdeckung seines Willens zur Bewegung auch seinen eigenen Willen zu einer Ortserreichung gefunden hat. Doch nicht nur die Motorik hast du entdeckt, denk einmal an deinen Sehsinn. Wo am Anfang die Augen auf und zu sind, durch akustische Reize dein Schauen geweckt worden ist, scheint es, als ob der Drang zur Bewegung deine Augen auf Ziele, die es gleichsam zu erreichen gilt, trainiert hat. Es stellt sich die Frage, ob du in einem weißen Raum, in dem alles weiß ist, ebenfalls die selbe Dynamik entwickeln würdest wie im Einkaufsladen, umgeben von so vielen netten bunten Gegenständen. Du merkst gerade, es sind Sinne, die dich dazu motivieren, Handlungen zu setzen, ins Spiel zu kommen. Und du hast bereits viel gelernt. Denke nur, der Hörsinn. Du hörst deinen Namen. Und auch wenn du dich selbst noch nicht mit diesem Namen identifizieren kannst und als eigenständiges willensbekundendes Individuum auftrittst, lernst du durch den Hörsinn und den Berührungssinn, dass du mit diesem Namenswort gemeint bist. Die Großen üben das auch sehr brav mit dir und sprechen meist, wenn sie mit dir sprechen, in der dritten Person von dir. Das ist etwas Spannendes, da du später, bevor du dich selbstständig als Person definierst, von dir selbst ebenfalls in der dritten Person sprechen wirst. Hier haben wir bereits zwei weitere Begriffe, die es einzufangen gilt. Der erste Begriff ist das Sprechen, ein Sinnesausdruck von dir an deine Umgebung und dich umgebenden Personen. Bist du nicht von Anfang an einfach nur du? Mit zunehmendem Alter, mein lieber kleiner Freund, machst du es mir gar nicht leicht. Das Feld, das es einzufangen gilt in deiner Entwicklung, wird schlagartig so weit, dass es mir kurz schwindlig wird. Doch ich verspreche dir, so weit zu knüpfen, wie ich kann. Du siehst die knallrote Schachtel und das Knallrot bewirkt Folgendes: In deinem Gehirn löst sich ein Botenstoff. Es wird verlockend für dich, ein Lockstoff sozusagen. Und die erste rote Schachtel im Einkaufsladen ist der Beginn deines Konsumentendaseins. Wie so viele Dinge im Leben ist das ein Moment, der komplett nebensächlich wirkt, und doch, ich muss es dir sagen, verstehe ich die Großen nicht. Denn wenn du in deiner 4-WD-Stellung oder schon in deiner eigenen 2-WD-Haltung die rote Packung in Angriff nimmst, kommt von den Großen das Wort deines Lebens: *NEIN!* Bei meiner Tochter war es heiß und es hatte nichts mit einer roten Packung zu tun, sondern mit dem Emsa-Küchen-Holzofen. Obwohl weiß, war er ebenfalls ein äußerst begehrliches Ziel. Nein, dazu kommen wird noch. Doch bleiben wir bei meinem Unverständnis für die Großen. Dir verbieten sie die rote Schachtel, die du ja nur aufgrund ihrer Farbe angesteuert hast, und selbst nehmen und kaufen sie diese Schachtel. Denkst du, wegen des Inhalts? Irrtum, kleiner Mensch, die Großen sind wie du, sie reagieren immer mit ihren Sinnen. Verpackung ist eine Kunst, eine Wissenschaft, ein Trick. Die Verpackung ist knallrot, damit du hingreifst. Du bist das Lob für den Packungsdesigner. Hier findest du, was ich dir zeigen will, das erste Mal. Die Großen nehmen die rote Packung und denken, sie tun es wegen des Inhalts, weil es einfach so gut schmeckt, du hast das System durchschaut. Falsch, lieber

Großer. Der Inhalt, ja oh, aber he, knall, knallrot. Der tausendste und hunderttausendste Lockstoff. Ein Unterschied ist noch, dass sie bei dir wissen, wegen der roten Farbe, dritte Person etc., alles wirkt so klar. Willkommen im Konsumsystem, kleiner Mensch. Später wirst du herausfinden, wie Werbung wirkt und warum ein Rädchen Wurst für deine Mama mehr Kaufentscheidung wird als die besten Aktionsangebote. Du siehst, was anfänglich ganz einfach erschien, fasst sich nun zusammen in ein Gefüge mit vielen Nuancen, Verknüpfungen und beginnt komplex zu werden. Später einmal wird dein Gehirn das alles endkomplexen. Was für dich große Vorteile, aber auch leider große Nachteile haben wird. Der Sinn, die Sinne, hören, sehen, vergessen wir nicht das Schmecken. Schon sehr bald wirst du zum Ausdruck bringen, es schmeckt mir, es schmeckt mir nicht. Dein Blick, deine Körperhaltung, deine Lippen, sie alle werden den Großen sagen, behalt es dir. Die Werbung, die probiotisch erzählt, wie gesund dieses geschmacklose Etwas ist, die erreicht dich noch nicht.

Überhaupt ist jetzt eine spannende Zeit in vielerlei Hinsicht. Dein Wille, um bei

Nietzsche zu bleiben, der Wille zur Macht, dein Lernen, deine Sinneswahrnehmungen, Namenserfahrungen und Verflechtung von einer Vielzahl von Systemen. Und damit verbunden die Frage nach deiner eigenen kleinen Person. Spannend, was da alles passiert. Und noch etwas passiert: Du wirst manifestiert. Du wirst etwas ganz Besonderes für zumindest einen oder zwei Menschen. Gerade gleichsam zum Ausgangspunkt einer Idee, für deine Mutter, deinen Vater bzw. wenn sie miteinander verbunden sind, für deine Eltern. Das wird noch eine große Rolle in deinem Leben spielen, weil es der dritte Faktor ist. Faktor? Der dritte? Was sind die anderen beiden? Nun, mein kleiner Freund, du hast bereits Schopenhauer und Nietzsche kennengelernt. Jetzt stelle ich Dir noch Heraklit vor: Heraklit, der im Konflikt die einzige Möglichkeit zum Wachsen, Entwickeln und Ändern sieht. Nietzsche, der deinem Willen eine Sehnsucht zuordnet, und Schopenhauer, der dem Willen die Vorstellung zuschreibt. Doch warum und wieso gilt das so? Und wie kommt es zu dir? Sind wir hier im Ausdruck deines Lebens und der dahinterstehenden Energie? Zwei Meinungen, die im Gegensatz zueinander stehen, um ein und dasselbe zum Ausdruck zu bringen. Das ist Heraklit in seiner wirklich konstruktivsten Form. John Locke, ein Engländer, und dem gegenüber ein deutscher Universalgelehrter namens Leibniz. Was die beiden verbindet? Ihre unterschiedliche Meinung ob desselben Denkgegenstands. Im Mittelpunkt ihres Denkens stehst gleichsam du, das Kind, dem später Rousseau die Vollkommenheit und Unschuld zuschreiben wird. Locke hat Neugeborene beobachtet und sich angesehen, wie sie aufgewachsen sind. Und damit war er eigentlich ein echter Vorreiter für alle Soziologen und Konstruktivisten, Kybernetiker, Systemiker usw. Locke hat in keiner sehr freundlichen Zeit gelebt. Die Lebenserwartung der Menschen war kurz und oft von zahlreichen Krankheiten und Gewalterlebnissen durchzogen. Wurdest du als Kind von Knechten geboren, waren Bildung und Kultur oder auch nur der Ansatz eines selbstbestimmten Lebens sehr weit weg. Wurdest du aber adelig in den Wohlstand geboren, dann stand dir viel offen. Was tat Locke? Er vertraute seinen Augen, da ein Kind, dort ein Kind, was unterscheidet sie? Nichts, zwei Beine, zwei

Arme, ihr Schreien klingt gleich und es erfolgte im Neugeborenen-Zustand keinerlei Willensbekundung. Tabula rasa, der Mensch, wie er vor Locke lag, war wie ein weißes unbeschriebenes Blatt. Erst die Umgebung machte den Menschen zu dem, was er ist bzw. sein wird. Es sollte eine ganze Geistesströmung aus dieser einfachen Idee werden, die auf den Namen Imperialismus hören wird und viele Anhänger findet. Die Romantiker, die Naturalisten, die Utopisten, sie alle werden darauf zurückgreifen, teilweise mit Erweiterung, sodass du bei der Geburt durch und durch gut bist und man dich nur schützen muss vor der Schädlichkeit des Außen. Ach, klingt das schön, mein kleiner Freund, und einfach. Doch wie immer im Leben, wirst du merken, dass alles, was schön und einfach klingt, auch manchmal zu schön ist und, wie heißt es so schön, es ist zu schön, um wahr zu sein. Alle könnten gut mit diesem Modell leben, wenn da nicht ein Deutscher gewesen wäre und dem widersprochen hätte. Alles ist in uns, der Mensch ist, wie er ist, und bringt das in die Gesellschaft mit ein. Leibniz war ein Rationalist, also der Gegenpart zum Empiristen. Aber gemeinsam, mein kleiner

Freund, haben sie das gegründet, was in der Geschichte als Aufklärung eingehen sollte. Leibniz war ein sehr gläubiger Mensch, bemüht, Gott und den Menschen gerecht zu werden. Und ich habe den Verdacht, mein kleiner Freund, dass es dieses Bemühen war, dass ihn dazu gezwungen hat, diese These aufzustellen, denn in der These von Locke liegt die Verantwortung bei der Gesellschaft. In der These von Leibniz liegt die Verantwortung bei jedem von uns selbst. Alles, was du bist, ist in dir. Aber jetzt, in deinem Alter, wie soll man sich das vorstellen? Viele Wesenszüge in dir schlummern noch. Locke hatte recht! Bist du in einem friedlich geregelten Umfeld mit Eltern, die es dir vermitteln, wird sich das an dir zeigen. Im Nachhinein scheinen die beiden Theorien wie eine Schere zu sein. Mit dem Fortschreiten deiner Persönlichkeitsbildung dreht es sich und der Schnittpunkt ist das Dritte, an das die beiden nicht gedacht haben. Du bist jetzt bereits Auslöser von Systemstrukturen geworden. Gleichsam der Dreh- und Angelpunkt, um den sich gedachte und erfundene Strukturen gebildet haben oder noch bilden werden. Doch noch merkst du das nicht, kleiner Freund.

Du bist so mit dir beschäftigt, dem Verweben, Verknüpfen, aber auch mit dem Erlernen des Interagierens mit anderen. Deine Wahrnehmungen müssen viel lernen. Geruch muss sich mit Geschmack verbinden. Und empirisch lernst du dann noch sitzen. Die Flasche in der Form und Farbe, die schmeckt dir. Der Große mit dem Gesicht und dem Geruch, den willst du nicht. Das eine Wort, da bist du gemeint, und du weißt noch nicht, dass es dein Name ist, das dauert noch. Doch du weißt schon, hinsehen, das eine Wort der Beschränkung. Und du wirst mir recht geben, sind der Wille und die Neugierde groß genug in dir, dann stehen sie über diesem Wort, was gleichsam zu dem führt, was du später als Konflikt kennenlernen wirst. Die Großen berichten dann, dass du ein sehr willensstarkes Kind bist. Damit sagen sie anderen, Nein können wir zwar sagen, aber die Natur scheint bei dir, wie bei jedem anderen Säugetier, zuerst Wert auf die Bewegung zu legen und, wie wir bereits festgestellt haben, als Mensch dauert alles ein wenig länger. Doch weißt du, was im letzten Jahr mit dir geschehen ist und dich ganz massiv von allen anderen Lebewesen auf dieser Erde unterscheidet? Die Sprache! Überleg einmal, mein kleiner Freund, du kuschelst dich gerne an deine Eltern, wenn du müde, krank oder einfach nur glücklich bist. Berührung, Empathie, das finden wir bei uns Menschen und im Tierreich. Doch manchmal etwas intensiver, wie es scheint. Warum? Weil es die einzige Möglichkeit ist, die Tiere besitzen um zu kommunizieren. Laute, Körpersignale und Nähe. Beobachte Tiere einmal. Sie erzählen dir unglaublich viel und doch gar nichts. Was gleich ist, ist der Schutz für die Kleinen. Besonders beeindruckend ist das bei Rudeln. Wildschweine beispielsweise werden für jeden Jäger zu einer undurchdringlichen Mauer, da gibt es viele spannende Tierfilme. Deine Eltern, dein Umfeld, ja sogar Wildfremde sprechen mit dir. Was in deinen Ohren anfangs nur bunte Geräusche sind, bekommt nach und nach Informationscharakter. Denk nur, dein Name. Wie oft du deinen Namen wohl hören wirst, bist du lernen wirst, darauf zu reagieren. Und irgendwann dreht dann der Kopf, du lachst oder weinst. Vergessen wir nicht, die Sonne scheint nicht immer, dein Papa, deine Mama kommen bei der Türe herein und rufen dich. Viele Dinge passieren gleichzeitig. Die Information: Hallo, jemand ruft mich. Der Klang: Die Stimme kenne ich, hurra! Die Orientierung: Von dort höre ich die Stimme. Das alles passiert in dir, wir nennen es unbewusst. Und deine Eltern sind heute das, was später ein Gegenstand sein wird, dein Spiegel. Sie senden dir ganz viele Sinnesreize zurück, reagieren auf dein Körperspiel, erzählen dir und, vor allem, du lernst deine erste Sprache. Wie tust du das? Durch das Zuhören und das Verbinden. Irgendwann dann der erste Impuls, du hast das akustische Signal mit einem Ton, einem Gegenstand oder einer Handlung verbunden. Kleiner Freund, ist deine Freude und Beharrlichkeit bei der Bewegung schon außerordentlich, so zeigst du, was das Verarbeiten von Informationen anbelangt, eine noch viel höher einzustufende Lernkurve und wirst nicht müde dabei. Die Sprache, mein kleiner Freund, ist in vieler Hinsicht anders als Laute oder Signale. Wir sagen stets, was wir meinen, und meinen selten, was wir sagen. Das ist bei Lauten und Signalen anders. Wenn deine Hand nach links zeigt, meinst du links. Wenn du weinst, weil du dir zum tausendsten Mal den Kopf angestoßen hast, meinst du aua, weil es aua ist. Und bei den Tieren ist es gleich. Doch sprechen, und verstehe mich bitte nicht falsch, reden ist keinesfalls immer sprechen. Sprechen ist sehr diffizil. Wir leben hier in einem katholisch geprägten Kulturkreis. Und das bedeutet, dass ein Buch namens Bibel – was Bücher sind, erzähle ich dir später – einen großen Einfluss auf einen ganzen Kontinent hat. Und fast über 1200 Jahre lang hatte eine Religion Europa fest in ihrem Würgegriff. Könige, Bauern, Sklaven, sie alle mussten der Kirche folgen. Und diese Kirche stützte ihre Macht auf ein Buch, auf die Bibel. Du siehst, Bücher müssen etwas ganz Besonderes sein, sonst hätte ein Buch nicht über Jahrhunderte die Menschheitsgeschichte bestimmt. Doch lass mich dir erzählen. Dieses Buch, die Bibel, erzählt eine Geschichte. Es ist die Geschichte des Ursprungs, wie alles begonnen hat. Alles beginnt irgendwann, mein kleiner Freund. Und, wie Hegel sagt, der Anfang ist jener Punkt, wo noch nichts ist, aber etwas werden soll. Die Bibel erzählt von Gott, einem Wesen, kein Mensch, kein Tier oder alles zusammen. Dieses Wesen lebt im Himmel, was das ist, wissen wir nicht. Aristoteles, ein griechischer Philosoph und Gelehrter, hatte hier die Metaphysik definiert. Ein Teil, den wir nicht verstehen, der aber trotzdem ist und vor allem erklärbar ist, nur eben nicht heute. Also Gott ist im Himmel und, weißt du was, ihm ist fad, langweilig, er ist wie du, er braucht immer etwas zu tun. Es scheint, Gott definiert sich in seiner metaphysischen Existenz, genauso wie du, durch Bewegung und Tun. Und was tut er? Genau, er schafft Himmel und Erde. Wobei hier mit Himmel das Weltall gemeint ist. Und dann hat er eine Kugel, auf der noch kein Leben ist. Also überlegt er sich Systeme, um eine Biosphäre zu schaffen. Die größte Leistung Gottes, könnte man meinen, ist aber nicht die Schöpfung einer Biosphäre, sondern die Erfindung der Gravitationskraft. Aber auf eine solche Kleinigkeit geht die Bibel nicht ein. Tiere bevölkern also die Erde, Pflanzen, alles lebt. Ein blauer Planet, voll mit grünem Land und, mittendrin ein Fleck. Eine Landfläche, auf der Gott Heraklit aufhebt. Das Paradies. Ein Ort ohne Konflikt, doch eines fehlt noch, der Höhepunkt seiner Schöpfung. Ein Lebewesen, das mit Gott kommuniziert, das mit ihm spricht und ihm als Spiegel seiner Großartigkeit zeigt, wie prachtvoll er alles geschaffen hat. Es ist Adam, der erste Mensch. Zum Unterschied von dir, kleiner Freund, hat Gott Adam nicht als Baby geschaffen, sondern als einen erwachsenen Mann. Gut, er hatte natürlich keine Mama, die ihn schaukelte, keinen Papa, der *Hoppe hoppe Reiter* mit ihm machte. Adam, er war alleine. Alleine mit vielen Tieren, aber er hatte Gott als Gesprächspartner. Warum ich dir das alles erzähle? Gib mir noch ein wenig Zeit, mein neugieriger kleiner Freund, es ist gleich so weit. Wir wissen nicht, ob Gott und Adam laut miteinander gesprochen haben oder ob die beiden gedanklich miteinander geredet gehaben. Und es war Schelling, ein deutscher Philosoph, der im 19. Jahrhundert, knapp vor Schopenhauer, gelebt hat und unbedingt beweisen wollte, dass es nicht an Gott läge, dass Böses geschieht. Wie hat er das bewiesen? Er sagte, es gibt einen Teil in Gott, der kein Teil von Gott ist. Dieser Teil war dann Adam. Und Adam war sicher neu für Gott. Gleichzeitig wurde Gott aber auch ein Teil in Adam, der kein Teil von Adam war. Und das, kleiner Freund, sei dir immer gewiss, es gibt einen Teil in dir, der kein Teil von dir ist. Doch lass uns die Geschichte weiterverfolgen.

Adam lebt im Garten Eden, wie das Paradies genannt wird, sieht die Tiere alle zu zweit, männlich und weiblich, und erkennt, ich bin alleine. Niemand auf der ganzen Erde ist wie ich, ich habe niemanden, der mir gleich ist. Was tut Adam? Er beschwert sich bei Gott und Gott versteht es nicht gleich. Adam, sagt er, schau, ich bin doch da, du hast den stärksten, mächtigsten und besten Gesprächspartner, den du dir wünschen kannst. Keiner ist mir gleich. Und ich, ich bin dein Freund. Doch Adam wird störrisch. Weißt du, was passiert? Der Garten Eden ist nicht mehr länger das Paradies. Heraklit schlägt zu. Wir sehen und beobachten den ersten Konflikt dieser Erde. Und wie ist er entstanden? Durch Beobachtung. Adam merkte erst durch das Beobachten seines Umfeldes, he, mir fehlt etwas. Rote Schachtel ... du erinnerst dich? Gott wiederum hat Adam beobachtet und dachte sich, dem Burschen fehlt ja wirklich etwas, er leidet. Was tat Gott? Er behob das Problem und nicht die Ursache, und so fing es an. Eva kam, sprach mit Adam, mit Gott, ja sogar mit einer Schlange ... Wir kürzen den Bibelexkurs ab. Gott verwies Adam und Eva des Gartens Eden. Eva gebar Kinder, die

Kinder gebaren wiederum Kinder und der Mensch wurde – zum Entsetzen Gottes – böse, grausam, widerlich. Du erinnerst dich an Schopenhauer? Er sah auch den Menschen in seiner Bosheit, in seinem Wahn und sprach von der schlechtestmöglichen aller Welten. Gott hatte damals einen Menschen. Sein Name war Hennoch, ein gerechter Mann, der stets zu Gott gebetet hat. Dazu kommen wir noch später. Dieser Hennoch litt so unter der gelebten Widerlichkeit seiner Mitmenschen, dass – so erzählt uns die Bibel – Gott ihn von der Erde genommen, aus Mitleid. Weißt du, was alle Menschen damals gemeinsam hatten? Eine Sprache. Gott tötete alle Menschen, bis auf Noah, einen Neffen von Hennoch, und seine Familie. Doch es dauerte nicht lange und der Mensch erhob sich wieder gegen Gott und seine Mitmenschen. Als letzten Ausweg sah Gott die Sprachverwirrung. Jeder sprach auf einmal eine andere Sprache, stell dir das einmal vor. Nun hatte ein König im Mittelalter folgende Idee: Wie finde ich die ursprüngliche Sprache heraus? Sein Gefühl sagte ihm, dass ihn diese Sprache zu Gott führen würde, in die Wahrheit der Erleuchtung oder so ähnlich. Seine Lösung war wieder ein Lösungsversuch des Problems und nicht der Ursache. Wer spricht? Genau, der Mensch. Wer spricht noch nicht? Und in dieser Hinsicht war dieser König wohl ein echter Vorreiter der Empiristen. Der kleine Mensch, du. Und, da du ja eine göttliche Schöpfung bist, muss die Lösung, nämlich die ursprüngliche Sprache, in dir sein. Der König nahm von seinem Volk Neugeborene, brachte sie in eine Krippe, wo sie bestens versorgt wurden, und gab die Anweisung, mit den Neugeborenen keinesfalls zu sprechen. Seine These – eine These ist eine bestimmte Kombination von Zusammenhängen – folgte der Idee, welche noch unbewiesen ist, dass diese Kinder miteinander sprechen werden – und in welcher Sprache wohl? Genau, in der Sprache, in der Adam mit Gott sprechen konnte. Das war sozusagen das erste Feldexperiment im Namen der Wissenschaft. Der Ausgang war jedoch verheerend. Die Kinder überlebten zum Teil nicht, der überlebende Rest blieb verstört und konnte sich nicht richtig entwickeln. Kleiner Freund, freue dich, Menschen, die mit dir sprechen, bringen dich weiter. Solche, die nur mit dir reden, dienen höchstens deiner Unterhaltung. Und warum habe ich dir diese Geschichte so umfangreich erzählt? Weil ich wollte, dass du die Idee des Königs nachvollziehen kannst. Und weil wir hier über Wahrheit und Zusammenhänge sprechen können. Bist du als kleiner Mensch informationstechnisch noch sehr zurückgezogen – eine Rassel, ein Finger zum Greifen, das alles genügt dir – erfährst du durch Reize von außen eine Sinnesexplosion. Denk nur, dem Sehsinn geht nach Erreichung des Stückes der Aufmerksamkeit meist sofort der Tastsinn nach.

Begreifen

Wo du zu Beginn einfach nur hingegriffen hast, beginnst du zu begreifen. Gleichsam beginnt damit auch ein größeres Begreifen. Es ist das Begreifen deiner Welt. Einer Welt, die von Anfang an einzigartig ist und keiner anderen Welt gleicht. Der Geist des Menschen materialisiert sich und wird nun zum ersten Mal physisch erfassbar. Leibniz, aber auch Immanuel Kant lassen grüßen. Wir Menschen besitzen gleichsam ein Programm in uns, das uns dazu führt, die Strukturen in unserer Welt vorhersehbar zu machen. Das Begreifen ist da ein Lernen. Sozusagen ein empirisches Feststellen, wie sich die Zusammenhänge in deiner Welt verhalten. Und jetzt stoßen wir auf ein Thema, das wir zu Beginn hatten. Du erinnerst dich?

Die Ziel- und Motivorientierung

Die Reflexion der Motivorientierung ist zwar einladend, du kannst tagelang über deine Motive und ihre Befindlichkeiten nachdenken, doch auch heute macht es nach wie vor keinen Sinn. Es sei denn, es handelt sich dabei um objektive Motivauslöser. Wir Menschen vertun uns da gerne. Was meine ich? Nun, du bist jetzt in einem Alter, in dem nicht nur dein Wille auf den Willen anderer stößt und er seine unmittelbare Auswirkung auf dein Leben hat, sich Systeme von dir orientiert hin zu offenen Systemen entwickeln, deine Welt entsteht und deine Sinne sich in einem hohen Ausmaß zu entwickeln beginnen und vor allem zu verknüpfen. Es basiert auf einer Ziel- und Motivtrennung. Denk an die rote Schachtel. Dein Ziel ist die Schachtel, nachdem du sie erblickt hast und dadurch ein Impuls in dir ausgelöst wurde, sie zu erreichen, und dann musst du sie gleichsam begreifen. Dein Motiv: subjektiv. Subjektiv ist in diesem Fall ein Impuls in dir. Diesem Impuls können Imperative zugeschrieben werden. Beispielsweise: Neugierde. Neugierig, wissbedürftig, durch die Farbe gereizt etc. Du merkst, es gibt viele Möglichkeiten, alle haben eines gemeinsam: Eine klare Zuschreibung ist bei ihnen nicht möglich. Mein neugierig ist sicher anders als dein neugierig, mein wissbedürftig ebenfalls und so weiter und so weiter. Wir können es auf keiner Ebene gegenüberstellen. Es stößt also eine Ursprungsmotivation auf eine Kombination von Ursprung, Wissen und Umfeld. Deine erste Welt deckt sich mit der Welt der Großen – rote Schachteln. Die Größe der Schachteln ist wieder ein Eindruck. Du glaubst es nicht? Dann warte, später werden dir die Großen erzählen, dass es früher zum Beispiel viel mehr Schnee gab. Wieso sie das wissen? Weil – und hier betreten wir voller Freude die subjektive Reflexion – ihnen dieser Schnee als Kind bis zur Hüfte gegangen ist und heute gerade einmal bis zum Schienbein. Du merkst, die 40 Zentimeter Schnee wurden vom Zentimetermaß durch ein Körpermaß ersetzt. Die Macht der subjektiven Wahrnehmung. Doch zurück zu unserer Schachtel. Der Große hat einen objektiven Mischgedanken, der besagt, gehört nicht uns, Inhalt muss geschützt werden, und einen gesellschaftlichen, das gehört sich nicht, dass Kinder rote Schachteln im Einkaufsladen aus dem Regal begreifen. Man nimmt sich nur Dinge, wo eine Kaufabsicht oder ein Kaufinteresse besteht. Ein Kauf, also das Tauschen von Geld gegen ein Objekt, ist die maximale objektive Sicht des Großen. Und Kauf hat mit dem Begreifen nichts, aber auch gar nichts zu tun. Du glaubst das? Du findest meinen Gedankengang schlüssig? Schön, vielleicht ist er nicht falsch, aber eines ist er keinesfalls, er ist keinesfalls richtig. Es verhält sich in Wahrheit so, mein kleiner Freund: Wenn du die Schachteln erreichst, sie aus dem Regal nimmst, in dem alles geschlichtet ist und so viel drinnen ist, dass einem gleich mehrere Dinge entgegenkommen, dann löst deine Handlung eine Reaktion beim Großen aus. Reagiert der Große schroff, dann hat er vielleicht eines: Angst. Angst, dass das ganze rote Schachtelzeug – die Schachteln mutieren nun zu einem subjektiv behafteten Begriff – geflogen kommt. Angst, dass du die Schachtel beschädigst und dass sie dann gekauft werden muss. Angst, dass die umstehenden Beobachter Stress machen, *die schauen so* oder tätigen missfällige Äußerungen wie *Können Sie nicht auf*

Ihr Kind aufpassen?. Nur weiß das der Große in diesem Moment nicht. Und ich halte deinen Versuch, die Welt, nämlich jene zwischen dir und dem Großen, zu begreifen für einen echt beeindruckenden Versuch. Denn stell dir vor, der Große hat Angst vor dem Beobachter und ihr seid alleine im Einkaufsladen. Sein Stress ist weg, er bleibt ganz ruhig. Zweimal selbst Schachtel, einmal keine Reaktion, mehr eine Nebenbei-Handlung, der Große zeigt dir, dass man die Schachtel auch wieder ins Regal stellen kann, und einmal scharfe Befehle und Kommandos. Und du stehst da, vor der roten Schachtel, und sollst dich auskennen. Willkommen im nächsten Level, kleiner Freund. Doch es scheint, du kannst damit ganz gut umgehen. Ruht noch viel in dir, Momente sind schnell da, aber auch schnell wieder vergessen. Die Sinnebene spiegelt sich in einem Permanentzustand, deinem Sein. Und ich behaupte, deine Welt - vorausgesetzt, die Großen bieten dir das, was sie einen Rahmen nennen, der dir Sicherheit gibt - wird nie wieder so aktiv und gleichzeitig in sich geschlossen sein wie jetzt. Du strahlst wie die Sonne, bist Lebensenergie pur. Du bewegst, du begreifst und erst eine Kleinigkeit wird diesen Selbstzustand gefährden – das Verstehen. Und mit dem Verstehen kommt das Motiv. War es anfangs so, dass die Großen dir eigene Systeme gewidmet haben, switcht es dann, am Ende des ersten Lebensjahres, immer mehr in Richtung des Systems der Großen. Und die Interpretation von dir, kleiner Freund, ist eine der Aufgaben, die die Großen übernommen haben. Genau in jenem Moment, in dem du das Licht der Welt erblickt hast. Wir sprechen hier nie von richtig oder falsch, gut oder schlecht, denn es ist ein Balanceakt des Lebens, in dessen Mitte wir uns täglich befinden. Das, was dich gerade auszeichnet, ist neben der Bewegung das Begreifenwollen. Die Sinnesentdeckung, deine Neugierde. Und so, wie dich als ganz Kleiner der Bewegungsdrang oft unempfindlich gegen Niederlagen gemacht hat, bist du auch jetzt noch in einem Zustand, in dem es eines nicht gibt: den Teil in dir, der kein Teil von dir ist.

Ein Gruß aus dem Leben

Kleiner Freund, dein Geburtstag. Die Großen sind ganz aufgeregt. Gespannt siehst du ihnen zu, wie sie hin und her laufen. Ohne zu wissen, was passieren wird, merkst du, es liegt etwas in der Luft. Weißt du, was heute passiert? Du wirst später ein Alter erreichen, wo du diesen Tag gerne wieder in die Vergangenheit schieben möchtest. Es ist dein Geburtstag. Du sitzt zwischen ihnen, alle strahlen sie dich an. Wie, wenn es etwas ganz Besonderes wäre, heute hier zu sitzen, und mit etwas Pech weißt du das so gar nicht zu würdigen, weil du lieber mit deinen Bauklötzen spielen möchtest. Doch es ist, wie es ist. Du sitzt in deinem Kindersitz, schaust auf einen – vermutlich runden – dunkelbraunen Gegenstand und oben, da stecken so Dinger mit Feuer. Dieser Moment ist ein sehr spannender, in mehrfacher Hinsicht. Denn durch das Motiv, deinen Geburtstag, haben die Großen doch allen Grund sich zu freuen. Wie doch die Zeit vergeht und du dich entwickelt hast, vom Baby hin bis heute, zu einer kleinen Persönlichkeit. Du hast so viel gelernt, so viel erreicht und sie haben dich dabei nicht nur begleitet, sondern viel Mühe auf sich genommen. Und du, heute vor ihnen, mit der Schokoladentorte, nachher Zähne putzen – du zumindest –, bist der Beweis dafür, dass es bis jetzt ganz gut gegangen ist. Sie feiern vielleicht dich, doch sie haben allen Grund, auch sich selbst zu feiern, und vielleicht würde es ihnen guttun, sich einzugestehen, dass die Torte mit dem Feuer auch ihnen gebührt. Und während sich die Großen hinsetzen und kurz durchschnaufen, Feuer, ah, greifst du in Richtung der Kerzen ..., gut, darf ich nicht, oh, dann Richtung dunkelbraun ..., verdammt, darf ich auch nicht, gut, dann eine kleine Unmutsäußerung auf Armlänge und die Kaffeetasse oder das Glas geht den Weg alles Körperlichen. Von dir beschleunigt trifft es auf die Gravitationskraft und spätestens an der Tischkante beginnt dieselbe messbar zu wirken. Die Romantik und die Magie der Situation sind plötzlich wie weggeblasen, alle sind sie wieder in der Realität. Die Realität, kleiner Freund, ist oft sehr anstrengend, die Beobachtung und die Einordnung der Reaktionen in deiner Umgebung gehört wohl zu den schwersten Lernaufgaben im Leben und ist nicht nur auf die Kindheit und die Jugend reduziert. Ein Geburtstag ist ein Datum im Jahr und feierst du später deinen Geburtstag oder verweigerst du diese Feier, so sind es jetzt deine Eltern, die deinen Geburtstag feiern. Es gibt wenige Gelegenheiten im Leben, um innezuhalten. Der Geburtstag ist für viele eben eine solche Gelegenheit. Es beginnt ein interessanter Kreislauf, denn ist dir als Baby oder Kleinkind der Tag herzlich egal, so ist dieser Tag für deine Eltern von großer Notwendigkeit. Können sie doch innehalten und auf ihre Leistung zurückblicken. Und erinnern wir uns, wie vieler Systeme es bedarf, um dein Leben zu gestalten. Und eben die Kraft und der Einsatz für diese Systeme sind die Leistungen deiner Eltern. Bist du das erste Kind, dann ist das für deine Eltern umso schwieriger. Weil sie ja noch nicht wissen, wie dieses Systemschaffen geht, und beide, deine Mama und dein Vater, in ihrer Erinnerung noch selbst Nutznießer solcher Systeme waren. Dein Geburtstag gibt deinen Eltern die Möglichkeit, zurückzuschauen und auch hier ihre eigene Leistung zu sehen. Du darfst ja nicht vergessen: Waren deine Eltern vorher als Paar ein System, so sind sie jetzt

Eltern und dein Geburtstag ist gleichbedeutend mit ihrem ersten Jahrestag als Eltern. Es ist also so etwas wie ein doppelter Geburtstag: dein Geburtstag und der Geburtstag deiner Eltern. Mit fortschreitendem Alter beginnst du in demselben Maße, wie von dir selbst in der ersten Person zu sprechen, den Geburtstag immer mehr als Deines in Beschlag zu nehmen. Du bist der König, die Königin des Tages und nicht selten forderst du dann auch Sonderrechte an diesem Tag für dich ein. Es ist für die einen die Suche nach einer Grenze, doch vielleicht ist es auch Zeichen des Verlustes. Die Zeit, in der Systeme und die ganze Welt für dich da waren. Die Zeit für die Erinnerung an das verlorene Paradies. Und von Jahr zu Jahr geht die Erinnerung weiter und weiter zurück, bis sie verblasst und der Mensch vom Gefühl her sich zu einem Systemteilnehmer hin entwickelt und nach und nach ein Stück des Ursprünglichen zu verlieren scheint.

Das Smartphone wird mein neuer bester Freund.

Mein junger Freund, was ich jetzt beschreibe, löst in der Gesellschaft viel Widerstand aus. Doch beginnen muss ich mit einer Geschichte, einem Rückblick in das 20. Jahrhundert und einer Geschichte, die so nett ist, dass nur das Leben sie schreiben kann. Im zarten Alter von 13 Jahren kämpfte meine Tochter um den Erhalt eines Smartphones. Und irgendwann, bei ihrem Geburtstag war es dann so weit, sie bekam ihr erstes Smartphone. Die Freude war riesig, mit leuchtenden Augen stand sie da und fragte mich, ob ich als Kind ebenfalls ein Smartphone hatte. Die Antwort war ein klares Nein, aber, um zu einem Ende zu kommen, denn so spannend sind die Geschichten fremder Menschen nicht, meine Tochter hatte sofort eine Erklärung: Das war sicher, weil du als Kind arm warst. Da wurde mir eines bewusst: Es ist heute undenkbar, dass es im Jahr 2000 noch keine Smartphones, keine Social Media und kein Internet gegeben hat. Ich komme von einer anderen Epoche und erlebe mit dir, mein junger Freund, eine neue Epoche.

Alleine daran, dass ich dir etwas Persönliches erzähle, alleine daran merkst du den Stilbruch und leitest zu Recht ab, dass wir an einem Punkt angelangt sind, der mich zutiefst beschäftigt und bewegt. Du musst wissen, dass wir Menschen sehr zur Simplifizierung neigen. Unser Geist und unser Körper folgen dem Grundsatz: *Kenn ich, kenn ich nicht.* Das passiert ununterbrochen. Dein Leben ist eine Dauerabfolge dieser Mechanismen. Das ist gut so. Denn stell dir vor, du müsstest bei jedem Schritt, bei jeder Bewegung zuerst überlegen, wie es funktioniert. Der Impuls löst ein Wissen aus. Und dein Körper folgt dem Impuls. Ähnlich verhält es sich mit deinem Geist. Du hörst, siehst oder nimmst anderweitig etwas wahr. Dein Geist sagt, das kenn ich. Du denkst nicht mehr weiter darüber nach. Descartes, ein französischer Philosoph, erkannte, dass er als Mensch ein zu Täuschender ist. Was Descartes nicht wusste, das sollte die Leistung der Konstruktivisten des 20. Jahrhunderts sein, das ist, dass wir simplifizieren. Descartes hatte, aus einer Zeit der Hochblüte des Katholizismus kommend, die Täuschung einem bösen Geist zugeschrieben. Dieser böse Geist, so Descartes Erklärung, versucht uns zu täuschen, doch wie weit kann das gehen? Bis zu jenem Punkt, wo es heißt, ich denke und erkenne, dass ich ein zu Täuschender bin. Darin, sagte Descartes, bin ich nicht mehr zu täuschen, in cogito, ergo sum. Ich denke, also bin ich, war später die Ableitung. Wir widerlegen Descartes heutzutage, denn es ist viel schlimmer, als er selbst vermutet hat. Nicht ein böser Geist täuscht uns, sondern die Tatsache, dass unser Geist beschließt zu sagen *kenn ich*. Das führt eben zu der Täuschung, die Descartes noch einem bösen Geist zugeschrieben hat. Denn damit glauben wir zu erkennen, was ist, und sehen doch nur ein Abbild von dem, was war, das uns glauben macht, dass es ist. Ähnlich verhält es sich heute. Wir Menschen haben gelernt, dass Computer gut sind. Sie helfen uns, Rechenaufgaben zu lösen, deshalb nennt man sie auch Rechner. Sie helfen uns mittels Softwareprogrammen, Aufgaben zu verwalten, und, ganz wichtig, sie unterstützen die Kommunikation. Doch nach und nach hat sich der Bereich der Anwendung verschoben. Denn wie bringt man jemandem den

Umgang mit einem Computer bei? Am besten spielerisch. Anfangs gab es für Unternehmen Rechner mit einigen wenigen Programmen. Doch dann kam der PC – ein Personalcomputer. Jeder Mensch mit ein wenig Geld konnte sich einen Computer für zu Hause zulegen und über Jahre war es eine offizielle Methode der Gesellschaftsdarstellung, wie viele Haushalte über einen PC verfügen. Warum in der Zeit schwenken? Nun, mein junger Freund, Geschichte ist eben vergangene Zeit. Und jede Zeitentwicklung passiert mit ihren erkannten und ihren unerkannten Wirkungen. Was wir dann sehen, ist eine Folge der Wirkungen, aber niemals die Wirkung selbst. Das ist übrigens das beste Beispiel für eine Simplifizierung. Wir halten die Wirkung im Moment der Wirkung für Ursachen personifiziert. Junger Freund, du wirst in deinem Leben später oft auf Menschen treffen, die wissen, wer aller Schuld ist, welches Lernthema sie selbst in ihrem Leben noch haben. Heute, so schätzt man, sind Hunderttausende Kinder weltweit nach Smartphone und Computer süchtig. Entweder weil die Eltern ihren Kindern ein elektronisches Gerät zur Beschäftigung in die Hand geben oder aber weil es unglücklich ist oder, oder, oder. Es gibt so viele Gründe und so viele Erklärungen. Dabei geschieht eines: Die Ursachenwirkung wird als ein Ist-so zur Kenntnis genommen. Junger Freund, Verbote, radikale Ansätze, *To-Dos* aussprechen, ist dann eine Folge der einen und ein *ja, eh, klar* die Antwort der anderen. Du erinnerst dich, es gibt zwei Lösungen: Die, die schlecht bis gar nicht funktioniert, die, die ganz gut klingt, meist aber sehr radikal, jedoch nicht in Frage kommt, und die, an die wir nicht denken. Ich erlaube mir diesen Ansatz der Konstruktivisten zu übernehmen, inklusive dem Hinweis auf das *Mehr vom Selben*. Die erste Lösung, beispielsweise das Verbot, muss nur noch härter, noch strenger, noch fester praktiziert werden. Politik ist da wie geschaffen dafür. Und das ist das Erschütternde. Auch die Pädagogik - also dieses Mehr vom Selben – als Grundlage für deine ersten eineinhalb Lebensjahrzehnte legt sich dahin. Immanuel Kant, auch ein Denker längst vergangener Zeiten, er definiert den Leitspruch einer Denkepoche, die sich Aufklärung nannte: *Sapere aude, habe den Mut, dich deines eigenen Verstandes zu bedienen.* Immanuel Kant führt eine spannende Argumentation, denn er spricht von der Unmündigkeit. Ein heute seltener Begriff. Denn er bedeutet auf der einen Seite, dass jemand nicht in der Lage sei, selbst Entscheidungen zu treffen, und auf der anderen Seite definiert das Gesetz einen Menschen vor seiner Volljährigkeit als unmündig. Immanuel Kant macht die Mündigkeit eines Menschen nicht von seinem Alter abhängig. Es ist mehr die Frage, wie ich meinen Verstand, mein Denken, mein Nachdenken auch in der Form, *hinter* etwas zu sehen und zu erkennen, verwende. Damit einher geht die Eigenverantwortung. Und etwas, das in unserer geregelten Zeit heute wie etwas Besonderes erscheint: die Verantwortung für mein Tun und mein Handeln nicht einem Zweiten oder Dritten zu übertragen. Immanuel Kant ist dabei ein ganz Feiner. Denn er weiß, dass der Verstand und sein Vermögen von Mensch zu Mensch verschieden sind. Deswegen weiß Kant auch, dass es Mut braucht. Es braucht Mut, Fragen zu stellen. Es braucht Mut, Dinge, scheinbare Tatsachen, nicht als gegeben hinzunehmen. Und es braucht Mut, sich seiner Handlungen und seiner Verantwortung bewusst zu sein. Wenn also der Verstand stark genug ist und es dem Einzelnen nur am Mut fehlt, ohne Führung und Anleitung eines anderen zu agieren, dann ist der Mensch nach Immanuel Kant unmündig. Nun leben wir heute in einer Gesellschaft voller Systeme, Verbindungen, Beziehungen – in allen Ebenen, die uns umgeben. Wir schieben daher vielleicht gerne die eine oder andere Ebene vor, es ist durchaus bequem und oft auch erwünscht, einfach zu denken, und es braucht den Mut des Handelns nicht mehr. Immanuel Kant erkennt auch, dass es mehr braucht. Denn er sagt, wir sollen so tun, dass jede unserer Handlungen ein wünschenswertes allgemeines Gesetz wird. Und er vermeint, dass wir uns und andere als Zweck und nicht bloß als Mittel sehen. Wir sind jetzt weit gereist und wollten doch über Computer sprechen. Nun, viel kürzer als Kant war der Spruch am Eingang zum Orakel von Delphi. Ein Orakel wurde aufgesucht, um zu erfahren, was die Zukunft bringt, wie ein Geschehen sein wird oder aber um zu erfahren, welche Bestimmung auf mich wartet. Das wirklich Witzige aber war, dass am Eingang zu diesem berühmtesten aller Orakel stand: *Mensch, erkenne dich selbst*. Nun, nach Kant, könnten wir jetzt locker ausführen, dass ein Mensch, der für seine Entscheidungen die Notwendigkeit von einem Orakel abhängig macht, ein Unmündiger ist. Jedoch der, der sich selbst erkennt und seine Entscheidungen eben nicht abhängig macht, ein Mündiger, ein Mensch mit Mut im Zeichen der Aufklärung ist. Und da kommt Sokrates. Und Sokrates, er schmeißt wieder einmal alles über den Haufen. Denn er bringt eine weitere Komponente mit in unser fröhliches Denkspiel: das Motiv. Der gute Sokrates hat, immer auf der Suche nach einem Weisen, natürlich einen Stopp beim Orakel eingelegt. Und wie es scheint, hat das Orakel Sokrates durchaus zugesagt. Doch als Sokrates durch die Türe ging, wusste er schon eines über sich: Ich weiß, dass ich nichts weiß. Ein Suchender nach Wissen, nach Weisheit. Stopp, ruft uns hier Descartes aus der hinteren Reihe zu. Stopp, mein geschätzter Sokrates. Du weißt vielleicht, dass du nicht alles weißt, aber dieses Wissen, es kann dich täuschen. Und du weißt, dass du in deinem Denken getäuscht werden kannst, egal, ob von dir selbst oder aber von außen. Nur dass du denkst, das ist unbestreitbar. Also ist seine Suche nach Weisheit ebenfalls die

Suche nach einer täuschenden Wahrheit. Ach, sind sie nicht nett? Alle diese Denker, in ihrem Garten der Philosophie. Sokrates geht also ins Orakel und die Geschichte erzählt, dass das Orakel sich seiner selbst, aber auch des Gegenübers sehr wohl bewusst war. Denn stell dir vor, ein Mensch auf der Suche nach der Weisheit, muss hören: *Ah, Sokrates, ja, was soll ich dem weisesten aller Menschen sagen.* Das Orakel hat erkannt und es gegen ihn verwendet: *Du, Sokrates, wirst niemanden finden, der weiser ist als du.* Welch eine Ironie? Denn dann gibt das Orakel dem Sokrates noch eine Aufgabe mit auf den Weg, so schwer, dass sie seiner würdig ist. *Sokrates, lerne die Liebe, Emotion, Gefühl, Ausdruck des Vermögens der eigenen Menschlichkeit.* Nun war natürlich niemand von uns damals wirklich anwesend und die Überlieferung besagt, dass es Chairephon, ein Zeitgenosse Sokrates`, war, der auf die Frage: *Wer ist denn der weiseste Mensch,* vom Orakel die Antwort erhielt: *Sokrates.* Chairephon erklärte sich, so wie wir: Sokrates, der Mann, der weiß, dass er nichts weiß. Doch für unsere Geschichte fand ich es nett, Sokrates mit der Seherin – sei sie nun aus Delphi oder auch nicht – in den

Dialog treten zu lassen. Es gab übrigens noch einen zweiten Spruch, der vermeint, alles in Maßen. Und auch die dritte apollonische Weisheit, *Du bist*, will ich dir nicht verheimlichen. Erinnern wir uns an Kant, seine Idee der Aufklärung und nehmen wir Delphi mit, dann ist es angerichtet. Angerichtet? Ja, alles was wir benötigen, um über das Thema menschlich binäre System nachzudenken. Dabei hilft uns jetzt eines, nämlich dass wir über Systeme und über ihre Wirkweisen bereits Bescheid wissen. Systeme beinhalten immer eine Interaktion. Insofern machen wir jetzt gemeinsam ein sapere aude und bemühen uns, unseren Verstand über diese uns überall umgebenden Systeme nachzudenken. An dieser Stelle ist es an der Zeit, über Computer zu sprechen. Je nach Bezug zu elektronischen Geräten und der Verwendung dieser Geräte wird diese Betrachtung etwas Mut von uns verlangen, um eine Innen-Außen-Wirkung klar nachvollziehen zu können und zu verstehen, was mit mir als Einzelnem, aber auch mit uns als Gesellschaft geschieht. Wenn ich heute Smartphone, Tablet, Computer, Konsole etc. sage, einigen wir uns bitte auf den Begriff des digitalen Mediums. Dann beginnt in dem Moment, wo ich starte, eine Systemebene, in der ich als Mensch auf eine binäre Rechenebene treffe. Das Mensch-Maschinen-Thema, ein uraltes, oft beschriebenes Thema. Doch wir wollen uns das heute etwas anders ansehen. Ich starte also das digitale Medium und es führt mich durch die ersten Schritte. Anmelden, PIN-Code etc., das Eingeben einer Zahl, anklicken etc., unterstellt uns Menschen eines: einen freien Willen. Doch den Zugang gestattet und gibt vor das digitale Medium. Jetzt wird es um eine Spur verwinkelter. Vergiss nicht, wir Menschen und unser Gehirn neigen zur Simplifizierung. Egal, ob wir spielen, programmieren, verarbeiten oder einfach nur hinsehen, es ist für unser Gehirn eines: ein digitales Medium. Lass uns einmal davon ausgehen, denn in den gesamten Bereichen – und hier fehlt noch der Bereich Social Media – ergeben sich bereits große Unterschiede. Der Programmierer ist irgendwo, genauso wie der Verarbeiter, mit einem Wort definiert: außen. Denn beide, sowohl der Programmierer als auch jemand, der EDV-unterstützte Prozesse durchführt, hat ein Außenziel, das digitale Medium wird zum puren Mittel, zum Zweck. Der Zweck, gleich einem Werkzeug: Es gibt kein Interagieren, kein menschlich-digitales Medium, sondern eine Verwendung des digitalen Mediums. Die Zielvorgabe liegt beim Anwender und damit auch die Autonomie. Menschen, die digitale Medien in dieser durchaus pragmatischen Weise verwenden, haben einen anderen Zugang zum digitalen Medium und empfinden diesen Diskurs oft als feindselig bis unlogisch, weil sie in ihrer Motivunterstellung jeden User gleich sehen. Es bedarf viel Größe, sich dem bewusst zu sein. Alle diese Menschen erreichen in vielen Fällen mit dem Werkzeug digitales Medium eines: Nützlichkeit. Der Zweck ist ein erwünschter Effekt. Ein Ziel im Außen, also in der Wirklichkeitsebene des Menschen. Der User, also der Mensch, der das digitale Medium bedient (in Person der User) betritt gleichsam als Mensch, mit einem Ziel im Außen (dieses Ziel ist messbar), die Kommunikationsebene mit dem digitalen Medium und wird dadurch zu selbigem User als einer endpersonifizierten Person, einem Unisex gleich, und arbeitet - das ist ein weiteres wichtiges Wort, denn Arbeit in Relation zu Zeit ist Leistung, und damit verbunden, immer eine Wertschöpfung, egal wie groß oder klein. Und als User führt der menschliche Teil unseres Mensch-Computer-Systems unter Zuhilfenahme des digitalen Mediums Arbeitsschritte durch, um zu einem Ergebnis zu kommen. Ist das Ergebnis erreicht, dann kann ein neuer Prozess starten, oder aber auch nicht. Nur eines ist fix: Sowohl das Ergebnis als auch die Aufgabe werden vom digitalen Medium nur errechnet und berechnet, aber nicht vorgegeben. Der Zweck ist im Außen feststellbar. Das Mittel ist das digitale Medium. Bei Spielen sieht das etwas anders aus. Der Start ist derselbe, das digitale Medium führt den User, der jetzt Spieler heißt, durch ein Programm. Hier dreht sich die Wirklichkeit um. Das Spiel scheint nach außen das Mittel zum Zweck zu sein, sei es Zeitvertreib, Unterhaltung, – und neuerdings sogar – Lernen. Doch überlegen wir, jede Interaktion des Spielers ist eine Arbeit, die das digitale Medium dem Spieler vorgibt, zur Erreichung eines Ziels. Dieses Ziel ist kein Ziel, das im Außen definiert ist, sondern – und ausschließlich – ein programmiertes, im digitalen Medium verankertes Ziel. Während im ersten Fall unser Ergebnis im Außen messbar ist, erlischt das Ergebnis im digitalen Medium im zweiten Fall. Der Mensch, vom User zum Spieler, wurde das Mittel zum Zweck. Erinnern wir uns an Immanuel Kant, ein Mensch sollte einen anderen Menschen stets als Zweck, nie als Mittel sehen. Und doch betreten viele Millionen Menschen täglich diesen Darkroom des binären Seins. Und stell dir vor, mein junger Freund, Eltern schenken ihren Kindern sogar oft digitale Medien, damit sie es auch tun können, weil es spielen heißt. Und was sollen Kinder tun? Genau! Lernen und spielen. Wir unterscheiden auch hier nicht mehr ob der Art und der Struktur des Spiels. Eltern glauben oft, ihren Kindern eine große Freude zu bereiten mit der Möglichkeit einer digitalen Spielebene. Doch lass uns den Gedanken weiterverfolgen. In einer realen Spielebene – sei es mit Figuren, Bausteinen oder mit einem Ast in der Hand – verwendest du etwas, das es im digitalen Medium nicht gibt: All deine Körpersinne. Und du kannst das Ergebnis deines Spiels oft sogar wortwörtlich begreifen. Dieses Begreifen war und ist sehr lebendig für dich, die Figuren, die Steine, der Ball etc. sind ausschließlich das Mittel zum Zweck deines Spieles. Doch was passiert da genau? Immanuel Kant hat unterschieden zwischen dem Subjekt und einem Objekt. Der Mensch ist als Subjekt für Kant Gegenstand der Menschenrechte. Das Subjekt ist selbst bestimmt und dadurch definiert es sich auch einzigartig in seinem Sein. Das Subjekt ist stets Zweck, nie Mittel. Doch es scheint, dass wir Menschen sehr gerne auch Objekt sein wollen. Wenn du mit Figuren spielst, Ball, Karten oder was auch immer, sind diese Objekte das Mittel für dein Spiel. Es bildet sich kein System, keine Kommunikationsebene zwischen dir und dem Spielgegenstand. Wohl kommt es zu einem System zwischen dir und dem/den Mitspieler(n). Es entsteht – gleichsam – ein neues Drittes. Dieses System einigt sich dann vielleicht auf die Spielvorgabe, die Spielregeln und es bedarf der Notwendigkeit aller Spielenden, sich eben an diese Spielvorgabe, die Spielregeln zu halten. Es formt sich also ein Konsens. Die Spiele am Computer versuchen nun dir das alles zu imaginieren. Was das heißt? *Sie tun, als ob.* Und die Auswirkungen sind oftmals verheerend. Denn es findet die maximale Manipulation statt. Das Mittel, das denkt, es sei ein Zweck. Siehst du, mein junger Freund, ich will dich keinesfalls vom Computerspielen abhalten, denke aber, egal, was wir tun, wir können uns schon ansehen, was da genau passiert. Oder die Zeit? Fällt es denn keinem auf? Nimm dir ein Buch, lies fünf Minuten – nach eigenem Gefühl –, setz dich auf eine Bank für fünf Minuten und tu nichts. Und dann, sieh auf die Uhr, wenn du denkst, fünf Minuten sind vorbei. Danach probier fünf Minuten mitten in einem Spiel, es wird dich überraschen. Zeitrelationen in binären und analogen Zuständen. Wenn fünf Minuten nicht aussagekräftig genug für dich sind, dann probier es doch mit 20 Minuten. Rechenprozesse finden nahezu in der Nullzeit statt. Und es scheint, als ob genau dieser Punkt das große Geheimnis des Erfolges von Computerspielen ist. Die Zeit in ihrer Relation wird aufgehoben. Körpergrenzen, wie Schlaf, Hunger, Bewegungsdrang werden reduziert. Der Mensch taucht ein in den Moment der Unendlichkeit. Und was spürst du, mein junger Freund, stärker in dir, als diese Unendlichkeit des Lebens? Du bist weit weg von der Entropie des Lebens, wie eine Pflanze im Frühling, die am Weg zum Erblühen den Gedanken des Verblühens noch nicht in sich hat. Ich wage selten Thesen aufzustellen. Doch hier wage ich zu behaupten, dass die Nullzeit der Rechenprozesse die Zeit gleichsam aufhebt und der Mensch sich absichtlich zu einem Mittel des Programms macht, um in dieser Unendlichkeit zu verweilen. Das Thema ist nur, dass unser Körper dieser Ebene nicht folgt. Ebenso wenig wie die Menschen um uns herum, die Schule oder was auch immer. Du siehst, ich denke, dasselbe passiert auch bei Social Media. Und hier lehne ich nicht ab, sondern verweise auf den Zweck. Kann ich ohne dauernden Blick in eine Welt, aus der nichts als ungefilterte Informationen oder vorgefiltert von Programmen kommen, leben? Wir ergeben uns Netzwerkverbindungen, um einem weiteren Bedürfnis nachzukommen. Alleinsein wird Alleins sein. Wir Menschen, in unseren Trieben und Ängsten bzw. Sehnsüchten, haben uns mit dem digitalen Medium eine Art Paradies geschaffen, die gleichsam Heil verspricht. Online, im Spiel, im Rechenprozess, gibt es keinen Schmerz, keine Furcht, kein Leid. Und doch bringen Social Media etwas mit sich, was wie die hässliche Fratze des Paradieses wirkt. Menschen ohne Realbezug zu Umfeldsystemen, die sehen, hören und wahrnehmen können, teilen oft, geschützt durch ihre Tastatur, öffentliche Informationen mit, die nicht nur manipulativ sind, sondern andere definitiv in einem Ausmaß verletzen können, wie es sonst nur gezieltes Mobbing schafft. Alleins im Netz führt dann nicht selten zu einem totalen Alleinsein, außerhalb sein, mit Leid, Kummer und Schmerz. Denn es gibt den Umkehrschluss. Täuscht die Information vom digitalen Medium Realität vor, löst selbige Information reale Wirkungen aus. Das, mein kleiner Freund, ist wahrscheinlich der Punkt, der so schwer zu greifen ist, so unklar ist. Während jede Information von uns ans Netz ja im Grunde nichts zur Sache tut, außer dass sie vielleicht Algorithmen entspricht, wirkt sich jede Information, die uns in einem Urzustand, in einer Basisemotion erwischt, tatsächlich in unserem realen Leben aus. Und vor allem zwingt sie uns zu einer Lösung: mehr desselben, ich muss nur. Und vieles um uns zergeht, wie in einer Blase, wir hören auf, im Außen wahrzunehmen, denn die Information aus dem digitalen Medium fordert unsere ganze Wahrnehmung und, wie in einer Spirale, zieht es uns tiefer und tiefer hinein, bis es dich in den Schlaf geleitet. Dich selbst dabei beobachtet. Wenn du fühlst, was es mit dir tut, bringt es dir vielleicht eines: die Entdeckung, dass jedes digitale Medium zwei Funktionen hat: Ein und Aus.

Achtung, kleiner Freund, ich muss es dir sagen, ja, ich kann es dir nicht verheimlichen, vielleicht, mein kleiner Freund, befindest du dich in großer Gefahr. Bitte, ich sage, vielleicht, denn wir wissen es natürlich nicht genau, und alle Großen würden dir jetzt das Gegenteil sagen, weil, ja, warum eigentlich? Ach ja, weil sie es ja seit deiner Geburt gewöhnt sind, Systeme zu gestalten, zu verwenden und in Anspruch zu nehmen, die für dein Großwerden nützlich, gut, angenehm und notwendig sind. Ich habe dir erzählt vom Zahnarzt, ein System, das Menschen für Menschen geschaffen haben. Gleich vorweg, die Gefahr, von der ich spreche, geht nicht vom Zahnarzt aus. Vor selbigem darf man sich fürchten. Und man darf den Zahnarzt bis ans Lebensende ein notwendiges Übel nennen. Was tut der Zahnarzt? Er studiert die menschliche Anatomie und Physiologie. Er verschafft sich ein fundamentiertes Wissen über das Thema Zahn, er studiert jahrelang alles, was es über dieses Thema zu wissen gilt. Nur damit er oder sie sich später ein Leben lang im Mund anderer Menschen – und ich stelle mir das nicht unbedingt schön vor – austoben kann. Plomben setzen, Zähne ziehen, Stifte setzen und so weiter. Der Zweck mag wieder einmal so ein Reflexionsthema sein. Denn fürchte den Zahnarzt, der dir helfen will, meide den Zahnarzt, dem du egal bist, der einfach seinen Job nur wegen des Geldes macht. Suche dir jenen Zahnarzt, der dich als lebendes Wesen wahrnimmt und seinen Job als Profi mit maximalem Ergebnis, Verantwortung, sieht. Nun gut, jetzt ist es passiert, ich habe dir einen Rat gegeben. Wohl weil ich selber genau diesen Arzt suche. Aber um auf unsere Gefahr zurückzukommen, die Gefahr ist eine wahrlich große. Stell dir vor, so wie deine Zähne Gegenstand eines siebenjährigen Studiums sind, bist du und deine geistige Entwicklung ebenfalls Gegenstand vieler Studien und es gibt wohl genauso viele Ideen, wie Systeme, wie Erziehung mit dir zu verfahren hat. Wie Religionen. Und glaub mir, wenn es um geistige Erfindungen von Menschen inklusive Anhänger und Verfechter geht, da hört jeder, aber auch wirklich jeder Spaß auf. Hier geht es dann schlagartig um richtig und falsch.

Und mein Richtig ist nur allzu oft das Falsch des anderen und umgekehrt. Du spürst, wie sich deine Nackenhaare aufstellen, wie sich ein flaues Gefühl im Bauch einstellt. Mit Recht, mein Freund. Denn wenn du Glück hast, geht alles so weit gut, aber wenn nicht ...

Über die Schule

Die Großen haben gelernt, sich mit den Kleinen zu beschäftigen. Das war nicht immer so. Europa hat einen Lern- und Veränderungsprozess durchgemacht und viele Bilder aus dem Mittelalter zeigen Kinder und Jugendliche mitten unter den Großen. Gut, damals belief sich die Lebenserwartung – also wie alt ein Mensch wird – auf die Hälfte von heute. Es war daher eine Notwendigkeit und ganz normal, dass Kinder sehr schnell am normalen Alltag, der meist ein Sichern des eigenen Lebens war, teilgenommen haben. Egal, ob in der Stadt oder auf dem Land, tägliche Arbeit wurde schnell zum Teil im Leben eines Kindes und Bildung oder gar Entwicklung kreativer Talente blieb sehr wenigen vorbehalten. Der Umgang mit Kindern war wohl eher mit der Redensart Hart, aber herzlich zu beschreiben und ich bin mir nicht ganz sicher, ob du mit einem dieser Kinder hättest tauschen wollen. Auf das Großwerden von Kindern bei den sogenannten Naturvölkern gehe ich hier nicht ein, denn du lebst hier und nicht in Papua-Neuguinea. Europa, das Herrschaftsgebiet der Kirche, erlag einem Streit in sich selbst. Fakultäten wurden gegründet. Heute nennen wir sie Universitäten und ganz langsam entstand eine Bewegung, die uns das Schreiben und das Lesen lehrte. Der Fokus lag dabei auf der Bibel – dem Mutterschiff der Katholischen Kirche, blumenreich mit Bildern und schönen Zeichnungen buchstäblich abzumalen. Das war für lese- und schreibtaugliche Mönche durchaus eine Lebensbeschäftigung. Medizin, Mathematik, Theologie: Fächer dieser Fakultäten wurden gelehrt – immer mit dem Einklang und mit der Absicht der Kirche. Glaube mir, wenn du in einem Dorf gelebt hast, wo das geistige und menschliche Spektrum vom örtlichen Pfarrer abhängig war, war das Leben klein, eng und schmal sowie sehr begrenzt in seiner Entwicklungsfähigkeit. Doch ich sprach von einer Streitfrage, die Europa durchzog, und viele Gelehrte - so nannte man Forscher, Denker und Gebildete damals – merkten: *Oh, da stimmt etwas nicht, der Horizont ist weiter.* Denken hat keine Grenzen und mit der Logik der Kirche ließe sich ja beweisen, dass der Umkehrschluss genauso zulässig ist wie die theologische Lehre der Kirche selbst.

Gleich vorweg: Solche Denker waren knapp am Wort lebensmüde und verließen oft Europa in Richtung Türkei und Syrien, um im arabischen Raum die Lehren von Aristoteles kennenzulernen. Weil sie ja schreiben konnten, verfassten sie Bücher, eigentlich Aufsätze, und über Jahrhunderte sollte sich zeigen, dass das Wort mächtiger ist als das Schwert. Gestritten wurde über den Begriff der Person, denn siehst du, die Kirche formulierte schon sehr früh in ihrer Geschichte und im Vergleich mit dem gebildeten Bürger des Römischen Reiches nicht ganz dumm, dass Gott, Jesus und der Heilige Geist eines sind. Drei Einzelne und doch eins. Dabei nahm man Anleihe am griechischen Drama und definierte, dass die drei zwar drei Einzelne sind, aber in ihrer Gesamtheit einer: eine Person. Und kleiner Freund, du wirst es nicht glauben, über die Idee haben sich dann Hunderte Jahre lang Menschen den Kopf zerbrochen, denn wenn Gott und sein Sohn sowie der Heilige Geist *person* sind, was sind wir Menschen dann. Du bist es heute gewöhnt, von dir in erster Person zu sprechen, und der Staat bzw. die Gesellschaft gesteht dir diesen Status der Person auch zu. Aber das, mein kleiner

Freund, war nicht immer so. Und es brauchte lange Zeit in Europa, bis Menschen anfingen, von sich selbst als Person zu sprechen. Denn überlege, was geht mit einer Person einher? Doch immer ein Recht. Als Person besitzt du Rechte und der Besitz von Rechten zeigt an, dass du als Individuum dir selbst gehörst. Beobachte übrigens die Medien, höre Politikern zu. Menschen – Personen wie du und ich – werden manipuliert, indem von ihnen nicht mehr als Person gesprochen wird. Sie sind dann Flüchtlinge oder Terroristen oder, oder, oder. Aber eines sind sie nicht: Personen. Und was verlieren sie? Genau, den Rechtsstatus. Und so wie die Menschen im Mittelalter sind sie auf einmal abhängig von Gottes Gnade und selbige ist, wie du später hoffentlich nur beobachten und nie am eigenen Sein erfahren wirst, selten wohlmeinend. Dieses Thema der *person* hat die europäische Philosophie in Gang gebracht und wahrscheinlich auch dadurch wurdest du als Kind zu der Person Kind, die du heute sein kannst und wirst. Mit David Hume, einem englischen Philosophen, rückst du schlagartig ins Rampenlicht des Denkens in Europa. Hume beschreibt dich und dich als Folge deines Denkens als Empirist als ein leeres Blatt. Ich habe dir diese Geschichte beschrieben. Aber was ich dir verheimlicht habe, ist die Tatsache, dass sich viele Denker in Europa auf einmal überlegt haben, wie man mit diesen Kindern – diesen weißen, leeren Blättern – umgehen soll. Ich nenne es die Geburtsstunde dessen, was wir heute Pädagogik bezeichnen, und ein wenig erschreckt es mich jetzt beim Schreiben, dass hier viele Parallelen zur Kirche bestehen. Die Kirche hatte über fast 2000 Jahre das Ziel der Erziehung des Menschen zu Gott hin. Ein Projekt, so lächerlich und doch so wirkungsstark. Denn der Mensch wurde, wie Kant es so schön sagt, entmündigt. Sein Leben wurde zu seinem Besten bestimmt und der Einzelne gezwungen, dem zu folgen. Glaub mir, die heiligen Männer Gottes waren nicht zimperlich, aber auch hier wurde mit Worten manipuliert. Denn was eigentlich ein Verbrechen nach unseren Gesetzbüchern ist: Mobben, Unterdrücken, körperliche und psychische Gewalt und sogar Töten, wurde umgedeutet als Maßnahme der Liebe zu Gott. Und jede Maßnahme wurde theologisch begründet. Ich hoffe hier, du liest mich und nicht der

Große, der studiert hat, um dich richtig zu formen. Heute heißt es begleiten, denn tatsächlich deute ich in diesem Vergleich viel an. Mit dem Recht des guten Motives löst es Entrüstung aus, aber wir zwei - du und ich, mein kleiner Freund - lassen den Großen in seiner Entrüstung zurück und schauen uns in aller Ruhe an, was passiert ist. Frei nach dem Motto, wo viel Licht ist, ist auch Schatten, entstand viel Licht. Indem du als Person erkannt wurdest, hast du schlagartig Schutz in der Gesellschaft zugesprochen bekommen. Schutz für Leib und Leben. Da war richtig viel am Anfang, denn dadurch änderte sich in Europa langsam über Jahrhunderte auch der Umgang der Menschen miteinander. Als Nächstes erfolgte das Nachdenken darüber, wie dieses leere Blatt beschrieben werden soll, und eine Folge daraus war die Schulpflicht in Europa. Interessanterweise definierte sich die europäische Zivilgesellschaft in ihrem Fortschritt nicht nur durch Technik und den Rechtsstaat mit Gewaltentrennung, das heißt Justiz und Exekutive - also Gericht und Polizei sind zwei verschiedene, unabhängig voneinander agierende Instanzen -, sondern auch, wie wir uns um unsere Kinder kümmern.

Die Schulpflicht wurde eingeführt und jetzt, mein kleiner Freund, eine Aussage, die dich überraschen wird. Diese Schulpflicht hatte zwei Dinge zur Folge: Sie hat dir einen ausgedehnteren Kinderstatus bewilligt. Das Kind war nicht länger Arbeitskraft im Alltag neben den Großen, sondern ihm wurde ein Sonderstatus der Ausbildung zuteil. Dadurch kam es zu einer klaren Trennung zwischen dir als Kind und dem Erwachsenen. Der Staat hat die – und ich habe ehrlich keine Ahnung nach all den Jahren, was das eigentlich ist – Obsorge über dich übernommen. Du siehst, am Anfang aller Dinge stand eine Idee, wie Hegel so schön beschrieb – du erinnerst dich, Hegel, der Mann, der Säle füllte, während Schopenhauer sich als Gegenbewegung sah. Hegel formulierte so schön: Dass der Anfang ein Nichts ist mit dem Bestreben, etwas zu werden. Am Anfang ist nichts, aber es soll etwas werden. Und hier war ein Anfang, eine Idee. Eine Idee des Kindes und eine Idee, dass der Mensch Zweck und nie Mittel ist. Du warst gleichsam Ausgang einer Entwicklung des Staatswesens in Mitteleuropa, das dann einen unaufhörlichen Siegeszug angetreten hat. Der Staat als Kümmerer und Beschützer seiner Bürger, und Bürger ist jeder von Geburt, von Zeugung an bis zum Tod und sogar danach. Denn denk nur, ein Testament, der Wille eines Menschen, der nicht mehr unter uns weilt, besteht weiter fort. Dieser Mensch hat auch nach seinem Tod unter dem Status des letzten Willens volle Staatsgültigkeit. Deine Vollrechtsanerkennung hat zu umfassenden Prozessen im Staatswesen selbst geführt und die Schulpflicht bedeutet, dass dem Staat dein Wille oder der Wille deiner Eltern egal ist. Es ist sozusagen eine Aberkennung deines Personenrechts. Und eben diese Schulpflicht hat dann zu einem neuen Verständnis des Staates und der Zivilgesellschaft geführt. Durch dieses neue Verständnis und seine Entwicklungen, vor allem in Mitteleuropa, hat Hegel sich veranlasst gesehen zu definieren, dass Deutschland gleichsam der Höhepunkt der Entwicklung bei Zivilgesellschaften ist und daraus in der üblichen, aber etwas bildlichen Dialektik abgeleitet, dass auch der Deutsche ein menschlicher Höhepunkt sei. Ähnlich wie bei der Schulpflicht war am Anfang eine Idee, die in 80 Jahren so viel geworden ist, dass sie die Welt in den schlimmsten Krieg aller Zeiten gestürzt hat. Ach, hätte Hegel sich Kant etwas zu Herzen genommen, dann hätte er gewusst, dass es so einen Satz – wie er es als eine allgemeingültige Regel aufgestellt hat – nicht geben darf. Damit geboren war etwas ganz Neues: Der Nationalismus, eine Idee der Identifizierung des Einzelnen mit einem Konstrukt namens Staat. Und ach wie schade, denn während du im Geschichtsunterricht zwar sogenannte Fakten zu lernen bekommst, erzählt dir niemand etwas über die Idee hinter diesen Fakten. Als Mensch wirst du später die Schule mit Recht oder Unrecht als eine verabsäumte Lebenschance betrachten und du wirst in aller Simplifizierung den Lehrern die Verantwortung dafür geben, und doch, mein junger Freund, halte ich es für zu einfach. Lass uns gemeinsam überlegen: Der Staat formuliert eine Pflicht. Eine Pflicht ist ein Zwang des Einzelnen an den Staat. Nun zwingt diese Pflicht den Staat, seinen Bürger diese Pflichterfüllung möglich zu machen. Schulpflicht braucht was? Genau, und das ist durchaus ein Denkvorteil der deutschen Sprache: eine Schule. Maria Theresia hat in Österreich-Ungarn und in all den zum damaligen Kaiserreich gehörenden

Ländern die Schulpflicht eingeführt. Aber wieder stand eine Idee dort am Anfang, wo später ein Moloch entsteht, der uns wahrscheinlich in nächster Zeit alle wirklich um unsere wirtschaftliche Existenz bringen wird. Um die Schulpflicht umzusetzen, braucht es Schulen. Schulen brauchen ein Schulsystem und weil es eine Staatspflicht ist, eine Behörde. Behörde: So nennt man die Staatsstelle, die gleichsam für den Staat verwaltet und die Vorgaben der Staatsführung umsetzt. Es ist also jene Instanz, die den Zwang zur Pflicht durch dich umlegt. Erlaube mir einen kurzen Side-Step. Was dem Staat die Pflicht ist, war schon jahrhundertelang zuvor und bis jetzt die Schuld. Der Zweck der Schuld des Menschen ist wohl kurz formuliert. Selbiger ist wie die Pflicht des Staates. Der Mensch wird natürlich zu seinem Besten vom Zweck zum Mittel reduziert. Die Person verliert gleichsam ihren Status als Person, was der Kirche offiziell zur Erziehung des Menschen zu Gott hin dient, um seine Seele zu erretten, und dem Staat - in deinem Fall - zur Erziehung eines Staatsbürgers; selbstverständlich nur und ausschließlich zu deinem Besten. Es gibt übrigens ein wirklich famoses

Buch, das ich dir ans Herz legen möchte, und wer weiß, vielleicht ist es sogar eine gute Idee, es zu diskutieren. Der Großinquisitor. Das ist das fünfte Kapitel des fünften Buches aus dem Roman »Die Brüder Karamasow« von Fjodor Dostojewski. Doch zurück zur Geschichte, die dich heute zur Schule schickt. Mit der Schulpflicht wird also die Schulbehörde gegründet, und was braucht es in der Schule? Genau: Lehrer. Lehrer in der Basisdefinition sind Menschen, die gegen Bezahlung für den Staat in einer Funktion der staatlichen Zwangsautorität das staatliche Modell zum Zwecke einer Schuldbildung umsetzen. Du und die Lehrer: Ihr steht eigentlich auf der gleichen Ebene der Pflicht. Nur dass dein Lehrer Geld dafür bekommt. Doch was ist die Idee der Schule? Mir kam der Gedanke, dass der Lehrer den Beruf oder diese Bestimmung freiwillig aufnimmt. Das Kind wird zwangsbeglückt. In Österreich gibt es auch keine Schulpflicht per se, sondern eine Unterrichtspflicht, habe ich mir sagen lassen. Im Gegensatz zu Deutschland. Darum gibt es in Österreich die Möglichkeit der Schulen ohne Öffentlichkeitsrecht (Unterrichtspflicht – zum Beispiel die Freilerner). Die-

se Kinder müssen am Jahresende Externistenprüfungen ablegen. An Privatschulen werden Lehrer im Grunde von den Eltern durch das Entrichten von Schulgeld bezahlt. Ich möchte diese Thematik etwas vertiefen, weil sie immer aktueller wird.
Es ist wichtig, dass du lernst: zum Beispiel Lesen und Schreiben. Stell dir vor, ich könnte nicht schreiben und du könntest das hier genauso wenig lesen. Es wäre sinnlos für mich zu schreiben, wenn andere es nicht lesen könnten. Aber du sollst nicht nur Lesen und Schreiben können, sondern auch Geschichte, Geographie, Biologie, Musik, Turnen, Zeichnen, Religion usw. Der Fächer gibt es heute immer mehr und damit auch immer mehr Lehrer, die sich auf die einzelnen Fächer konzentrieren. Sozusagen Fachexperten.

Die Behörde muss also beginnen, Lehrer zu Experten zu machen, und dann hat die Behörde noch eine Aufgabe, denn die Regierenden schreiben der Behörde vor, welche Ziele am Ende der Aufgabe Schulpflicht erreicht werden müssen. Also muss die Behörde – du merkst die Grausamkeit – ihre Lehrer anweisen und stößt jetzt auf folgendes Problem: Diese Kinder können einfach nicht lesen. Wissen nicht zu rechnen. Dabei hat der Lehrer hunderte Mal alles vorgekaut. Sie zwischenzeitlich sogar geschlagen und beschimpft. Er hat wirklich alle Register gezogen. Der Lehrer hat sich sehr angestrengt, er hat sein Bestes gegeben, doch ohne jeglichen Erfolg. Hm, sagt nun jemand in der Behörde. Vielleicht brauchen wir einen Lehrerexperten, der uns als Behörde sagt, wie man ein Kind – also dich, mein junger Freund – etwas lehren kann. So stelle ich mir den Anfang vor. Den Beginn einer ebenso heilvollen wie unheilvollen Idee einer Pädagogik. Du wirst gleichsam Gegenstand einer Wissenschaft – also nicht du, sondern deine Entwicklung – auf ein Ziel hin gerichtet. Heute gibt es viele verschiedene Ansätze dieser – sagen wir – Wissenschaft und ähnlich wie die Religion sollen sie dich erziehen, dich fit fürs Leben machen oder dir eine Richtschnur werden. Doch eine Grenze gibt es für sie alle: Das Ziel, das die staatsverwaltenden Bestimmer festgesetzt haben. Mit der Pädagogik einher ging etwas, das ebenfalls mehr als neu war: Deine Eltern wurden genauso wie deine Lehrer zu erziehungsberechtigten Personen. Dieser Prozess erzählt uns viel über das System in der Relation zur Zeit und der Art und Weise, wie sie wirken. Am Anfang war alles neu. Der Lehrer wurde wahrscheinlich wie der Pfarrer und der Arzt zu einer Art Sonderstellung in der Gesellschaft. Die Eltern schickten ihre Kinder in die Schule. Dort war der Lehrkörper. Du merkst, um in einem System Macht zu generieren, muss das System neu benannt werden. Um diesen Benennungen gleichsam Bedeutungen zuzuschreiben, die ein Mensch allein nie erfüllen könnte. Also erfindet das System Begriffe und versucht selbige geläufig zu machen. Du wirst später vielleicht das Wort Fachjargon kennenlernen. Dadurch gewinnt das System über den Einzelnen das, was sich Dominanz nennt. Denn der Fachjargon muss erklärt und gedeutet werden (Anwälte, Gutachter, Notare?) und jetzt frage ich dich, kleiner Freund: Bist du Experte im Deuten eines Fachjargons? Ich möchte hier einen allgemein gültigen Satz ableiten: Umso mehr Experten ein System besitzt, desto mehr ist das ein Zeichen, dass das System in den Selbstzweck abdriftet und vergisst, dass es gleichsam nur Mittel und nicht Zweck in sich ist. Sieht man sich heute unser Schulsystem, unsere Demokratie, unsere Wirtschaft und unsere Rechtstaatlichkeit an, muss aus diesem Satz abgeleitet werden, dass wir Menschen Mittel geworden sind und jedes einzelne System Zweck für und in sich selbst.

Über Schuld und Verantwortung

Ach, mein junger Freund. Das Großwerden ist – so scheint es – eine Ansammlung von diversen Momenten, die uns etwas lehren. Wir merken uns etwas, verbinden es mit Informationen in uns und machen dann etwas komplett Neues damit. Deine Sinne spielen dabei eine große Rolle. Du siehst nicht nur und lernst das Hinsehen. Denk nur, wenn ein Großer zu dir sagt: *Da schau her. Sieh dir an, was du angerichtet hast!* Oder noch besser. *Schau, was jetzt dabei rauskommt.* Schulterzucken, denn ganz ehrlich, hast du etwa das Glas so nahe an die Tischkante gestellt, dass es mithilfe der Schwerkraft einfach zu Boden fällt und dabei zerbricht? Und überhaupt, wie ist das mit der Schwerkraft? Vielleicht deine Erfindung? Und einmal ganz ehrlich: Hätte dir dein Gegenüber nicht gerade das Spielzeug streitig gemacht oder, viel schlimmer noch, dein Spiel – welche Grenzüberschreitung -, dann hätte er auch keine abbekommen. Und überhaupt, die Großen gehen bei Grenzüberschreitungen gleich mit tödlichen Waffen vor, und du? Das bisschen Kasten und der Sand im Gesicht sind echt zu überleben. Es scheint, dass die Großen dir die Folgen deines Tuns vor Augen führen wollen und dich zwingen hinzusehen. Ich kann dir verraten, es gibt wenig zu sehen. Gut, vielleicht etwas Erziehungsanspruch und das Bedürfnis, dich auf etwas hinzuweisen, das einfach ist. Jede Handlung, jedes Tun hat Folgen. Folgen, die der Einzelne durchaus zu verantworten hat. Du, mein kleiner Freund, bist jedoch ein aufmerksamer Zuseher und vor allem Zuhörer. Denn welches Wort kommt dann? *Entschuldige dich!* Witzig, nicht? Dein junger Kollege steht weinend vor dir, vielleicht mit einer leichten Verletzung, und alles, was es braucht, ist eine Entschuldigung. Die Großen sind gar seltsame Wesen. *Schau hin!* Und dann mitten im Satz oder als Zeichen der Ohnmacht: *Entschuldige dich!* Statt zu sagen: Sieh hin und übernimm die Verantwortung, was dir definitiv in diesem Moment auch nicht möglich ist, schlagen sie gleichsam eine Ersatzhandlung vor, die als Strafe und Rechtfertigung sowie als Lösung dienen soll. Nun, mein junger Freund, es erzählt leider mehr über den Großen als über dich. Großer Vorreiter des Entschuldens war übrigens die katholische

Kirche. Stell dir vor, jeder Mensch ist schuldig vor Gott. Was das heißt? Hm, darüber könnten wir jetzt lange diskutieren. Denn es ist die Sünde, die in jedem von uns ist, obwohl wir doch im Bilde Gottes geschaffen wurden, die es unmöglich macht, rein vor Gott in unseren Handlungen zu stehen, und weil wir sündigen, sterben wir. Sünde führt also zur Schuld. Mit Recht fragst du dich, was es jetzt mit diesem Begriff Sünde auf sich hat, denn du spürst es schon: Sünde hat etwas mit Falschtun zu tun. Mit dem Bösesein. Und doch wird es noch komplexer, denn die Bibel lässt einen Mann namens Paulus – und ich schicke vorweg: Es tut nichts zur Sache, ob eine Erfindung an sich oder der Erfinder dieses Wortes selbst ist - schreiben: Wenn du weißt, was du zu tun hast und es nicht tust, ist es dir Sünde. Also das Gegenteil scheint der Fall zu sein. Nicht das Tun, sondern das Unterlassen von etwas, das richtig ist, ist Sünde. Ich halte diese Aussage übrigens für den schlauesten Spruch in der ganzen Bibel. Also, wir brauchen einen Gott, eine Fiktion namens Sünde und eine Idee einer Schuld, und fertig sind die Zutaten für 1.500 Jahre katholische Unterdrückung. Denn was haben wir Menschen – du und ich, mein kleiner Freund – schon dieser Fiktion von Sünde, Macht und Schuld entgegenzusetzen? Genau, es ist die >Ent-Schuldigung<. Die Kirche war da sehr schlau. Im Grunde ein Vorbild für alle Social Media, denn sie wurde sehr reich mit dem Verkauf einer Idee von etwas, das es im realen Leben nicht gibt. Wie das gegangen ist? Nun, die Kirche wollte Kirchen bauen. Große Kirchen. Kirchen, die der Größe Gottes auf Erden gerecht werden sollten, und Kirchenbauen kostet – damals wie heute – viel Geld. Also woher nehmen und doch nicht stehlen? Irgendwann hatte ein findiger Abt, Bischof oder vielleicht auch nur ein kleiner Kaufmann eine Idee, die einzigartig war auf dieser Erde. Lasst uns ein einmaliges Opfer bringen und damit vor Gott entschulden. Und welches Opfer schmerzt mehr als Geld? Ich halte vier Objekte für bestimmend unseres Seins: Geld, die Uhr, das Buch und das Digitale. Wenn wir von Kultur sprechen, sprechen wir von dem, was Geld, die Messung der Zeit, der Buchdruck aus uns gemacht hat. Das Digitale wird unsere Kultur auflösen und zu etwas Neuem machen. Die Kirche aber war das größte Marketinggenie aller Zeit. Sie nahm eine Fiktion, eine Idee und das Bedürfnis nach Geld und tat Folgendes: Sie schuf den Ablasshandel. Der Verbrechen der Kirche gibt es viele. Grausame, skrupellose, verurteilenswerte ... und von all diesen Verbrechen ist der Ablasshandel gleichsam das betrügerischste und genialste Verbrechen. Wie es funktioniert hat? Schau genau hin, mein junger Freund. Denn es steht in jeder Werbung: Wir, die katholische Kirche, versprechen jedem die Freisprechung all seiner Sünden und einen Platz bei Gott nach seinem Ableben gegen Bezahlung eines Betrages X. Und, mein kleiner Freund, Europa hat bezahlt. Kirchen, ja Dome wurden errichtet und die Kirche wurde zur größten wirtschaftlichen Institution in Europa. Wir entschuldigen, wie du dich gerade entschuldigt hast. Du fragst dich vielleicht, was das mit Nicht-Zuhören zu tun hat. Nun, eine Erklärung will ich dir keinesfalls vorenthalten. Du hast schließlich viele Worte darauf gewartet und einen Ausflug in die Geschichte hinter dich gebracht und doch deine eigene Zukunft vor dir. Sätze wie:

Nein, entschuldige dich!

Man sagt Bitte und Danke.

Hallo und Auf Wiedersehen – man nennt es auch grüßen – gehören dann genauso zum Standardrepertoire aller Großen wie früher oder später Sätze wie:

Hör zu!

Hör genauer!

Hör besser zu!

Lern zuhören!

Über das Hören und Sprechen

Diese Formulierung finde ich sehr bemerkenswert, denn sie impliziert die Tatsache, dass ein kleiner Mensch nicht nur laufen, essen und aufs Topfi gehen lernen muss, sondern dass es der Große durchaus auf sich nimmt, die Mechanismen der sozialen Interaktivität – zweifelslos eine der größten Aufgaben im Begleiten unseren kleinen Menschen hin zum Großen – zu vermitteln. Dafür braucht es aber einen Sinn, und zwar den Hörsinn. Doch der Hörsinn nur als Sinn mag vielleicht vor Gefahr warnen, Ruhe erfahren lassen, doch ist es ein unglaubliches Lernfeld, den einzelnen Geräuschen die Ursache und mit der Ursache eine mögliche Aktion zuzuordnen. Für mich mehrfach unverständlich ist, dass wir zwar vom Hörsinn, aber in der Folge nicht vom Sprachsinn sprechen. Denn die Überlegung ist doch, dass es der Sinn der Sprache ist, der den Mensch vom Tier unterscheidet. Zweifelsohne kann ein Zebra das Brüllen eines Löwen in fünf Meter Nähe richtig interpretieren und setzt sogar noch eine Handlung. Jedoch ist es auch bei gelungener Flucht schwer möglich, den anderen Zebras per Sprache zu vermitteln, wie es sich fünf Meter neben einem hungrigen, unleidigen, ausgewachsenen Löwen anfühlt. Wir, mein junger Freund, können das. Hören, zuordnen, verstehen, Handlung setzen, formulieren. Ich möchte auch deswegen hier vom Sprachsinn sprechen, denn es bedarf genauso viel - wenn nicht noch mehr - Schulung der Formulierung der Sinnerfassung und hier, mein junger Freund, kommen wir gleichsam zu einer Schwierigkeit, die uns das ganze Leben begleiten wird. Es ist auch eine Schwierigkeit, die wir in vielen Bereichen unseres Lebens mitnehmen. Ich stelle mir das so vor: Wie ein Dolmetscher, der versucht, nicht nur Worte zu übersetzen, sondern dabei auch den Inhalt, die Bedeutung und die Stimmung der Worte zu übermitteln. Wenn ihm der Inhalt der Worte, die er in seiner Form darstellt, innerlich komplett egal ist, so wird die Übersetzung doch wohl eine langweilige, unaufgeregte Sache. Sind die Worte, die einen Inhalt darstellen, derart, dass es Emotionen wachruft, so wird die Übersetzung wohl zum Teil seiner eigenen Geschichte und es ist unschwer zu erkennen, dass der zu übersetzende Inhalt nicht mehr der ursprüngliche ist. Es unterscheidet wahrscheinlich gute von schlechten Dolmetschern, mit wie viel Veränderung sie Inhalte übersetzen. Einfach wohl bei technischen Details. Meter, Kilogramm, Bytes etc. sind in allen Sprachen gleich messbar, schwer wohl in hochemotionalen Diskussionen. Denk nur an die Konfliktvermittlung zwischen den verschiedenen Staaten und du, mein junger Freund, du hörst mir nicht zu. Fünfmal habe ich es dir schon erklärt. Ich bezweifle, dass Hopfen und Malz verloren sind, und wünsche mir, dass du endlich deine Lauscher aufsperrst. Ich liebe die Sprache und auch den Dialekt. Wie wunderbar blumig lassen sich Aufforderungen formulieren. Nun, mein junger Freund, wann immer du hörst: Du hörst mir nicht zu - ist es eigentlich ein Paradoxon. Denn tatsächlich hörst du die Worte; was wohl fehlt, ist ihre Zuordnung. Der pädagogisch geschulte Große verwendet daher eher die Frage:

Was habe ich gesagt?

Was sollst du tun?

Siehst du, hier in dieser Formulierung zeigt sich das Gesagte. Fordert dich gleichsam zu einer Handlung auf. Tu etwas! Handle! Sprich, übersetze das Gesagte und zeige im Außen, dass es angekommen ist. Doch wie soll ich sagen ... mal ganz ehrlich ... Das Gehörte steht - hier können wir doch etwas ehrlich zu uns selbst sein - im Einklang mit dem, was wir gerade tun. Du siehst also, es reicht nicht, nur das Gehörte in ein mögliches Tun umzusetzen. Nein, du musst auch noch abwägen lernen, ein Tun durch ein anderes Tun zu ersetzen und abzuschätzen. Dabei merkst du sofort und sehr deutlich, dass es so etwas wie eine innere Trägheitskraft gibt, die uns - jeden von uns - gerne dort lässt, wo wir gerade sind.

Die Pädagogik

Ein Franzose, den ich für einen der größten Blender unserer Geschichte halte, Jean-Jacques Rousseau, formulierte den Naturzustand, der rein ist. Du, mein junger Freund, musst nicht tun, weil in aller Radikalität es dein Naturzustand ist, ja sogar eine Art Immunsystem des reinen Wesens - das du mein kleiner Freund bist -, eben nicht zuzuhören und die Anweisungen der Aufforderungen nicht zu befolgen. Später haben Große, wie Maria Montessori, Rudolf Steiner etc., diesen Ideen Folge geleistet und eigene pädagogische Systeme darauf aufgebaut. Dem konträr gegenüber steht das System der Disziplinierung mit allen Mitteln. Also der Gedankenansatz, dass du es nicht weißt, dass du geformt gehörst, was ein Akt des Außens ist. Wir sehen dann Mütter in unseren Medien, die besonders streng sind, ihre Kinder trichtern und formen in aller Härte, und nicht zu vergessen die angeblich *Gsunde Watschn* - auch Ohrfeige genannt - die bekanntlich noch niemandem geschadet hat. Beiden Systemen ist zweierlei gemeinsam: Sie sind Gewalt und beide Systeme haben einen Logikansatz, dem schwer widersprochen werden kann. Der Zustand, dass wir Menschen gerne Kybernetik erster und zweiter Ebene vermischen, sind hochgradig dialektisch und gebrauchen das jeweils gegenüberliegende System zur Rechtfertigung ihrer eigenen Position. Beide Systeme verschweigen zweierlei Tatsachen: Dass sie eine gedankliche Basis besitzen. Wahrscheinlich haben sich die wenigsten Großen mit Rousseau auseinandergesetzt, aber über ein Tabula Rasa nachgedacht in Verbindung mit der rechten Erziehung zu einem aufrichtigen geraden Blabla-Menschen, denn wer seinen Sohn liebt, der züchtige ihn, und das steht bekanntlich schon in der Bibel. Gottlob sind die Großen, die deine Obhut übernommen haben, Menschen mit Erfahrung und einer inneren Festigung. Sie werden also beides sein: Eines mehr, eines weniger, und es sollte für dich ein gesunder Mix werden. Denn warum neigen Menschen so sehr zu dem einen oder zu dem anderen? Nun, ich glaube, dass wir hier ein Feld betreten, über das sich schon viele Gedanken gemacht haben. Du hörst mir nicht zu! Was hindert dich mein junger Freund, dein Spielzeug auf die Seite zu legen und das zu tun, was dir gesagt wurde. Entweder ist es unbequem – sprich, du willst deine Position oder dein Tun gerade nicht verändern – oder du hast Angst. Angst, mein junger Freund, ist genauso ein starkes Motiv wie die innere Beharrung. Bequemlichkeit, die für mich eine Vorstufe auch zu einer möglichen Sucht später ist. Die Beharrung in der Wirklichkeit bei gleichzeitiger Unfähigkeit des Switchens. Das alles ist natürlich hochgradig uncharmant und trifft auf dich nicht zu, denn zu Beginn – erinnere dich – bist du gleichsam im Paradies. Das Leben dreht sich zu 100 Prozent auch in deinen Systemen nur um dich. Nach und nach ändert sich das mit deiner Mobilität. Eine Stimme sagt zuerst zu dir: So, jetzt setzen wir uns hin! Später wird daraus ein: Setz dich hin! Aus einer Beschreibung deiner Umwelt wird nach und nach eine Aufforderung und später – es ist schon fast schlimm – eine Anordnung. Nun haben wir auch schon über den Willen gesprochen. Du entwickelst ihn, diesen Willen zu dir selbst. Du lernst also Beschreibungen kennen und deine Eltern oder deine Umwelt machen nach und nach Aufforderungen daraus. Einem integralen Bestandteil deiner Großwerdung gleichsam. Autoritär sind deine Eltern, dein Umfeld und – bei aller Unzugänglichkeit und Fehlerbehaftung – bin ich stolz, es so als Erster zu formulieren, wenn der Große von der Beschreibung direkt über eine Anzahl begrenzter – ich rede nur einmal – Aufforderungen zur Anordnung übergeht. Eine Anordnung ist etwas Absolutes. Etwas, das Strafe, Belohnung, Achtung, Missachtung erfährt und kennt. Eine Anordnung ist stets, und das zeichnet sie auch aus, ein Gewaltenausdruck. Antiautoritär sind deine Eltern dann, wenn eine Aufforderung kommt, sie darauf warten, dass deine innere Reife, die sie dir ja zuschreiben, dich dazu veranlasst, aus der Beschreibung eine erfüllte Aufforderung zu machen. Dabei lehnen sie jede Anordnung an dich ab und konzentrieren sich mehr auf die Beschreibung, denn – so die Idee – vielleicht haben sie es dir ja einfach nicht genug beschrieben. Nicht unfroh bin ich, dass beide Extreme sehr selten sind. Fakt ist: Es gibt Beschreibungen, Aufforderungen und Anordnungen sowie ein Gleichgewicht, das es zu halten gilt. Denke nur, wir zwei wollen über eine Straße gehen, die minütlich von vielen Fahrzeugen passiert wird.

Die Beschreibung heißt: Hand in Hand. Die Aufforderung: Gib mir deine Hand! Das muss dir in diesem Moment keinen Spaß, Freude oder sonstiges machen. Und schlussendlich die Anforderung: Hand her! Hier kommt das Außen ins Spiel, denn nicht nur das Auto ist eine mögliche Gefahrenquelle, sondern das Wissen, ein Kind angefahren zu haben – ein Trauma ist wohl die schlimmste Erfahrung für jeden Autofahrer –, und damit stellt deine Handlung auch eine Gefahr für dein Außen dar. Es ist also eine Anforderung für alle, die sich an diesem Punkt begegnen, dass du mir als Großem die Hand gibst. Interessanterweise und um das Thema aufzulösen – und ich dachte, es wird ein ganz kurzes Kapitel –, stellen sich hier mehrere Fakten heraus, die uns beiden jetzt weiterhelfen. Zweifelsohne könnte ich dir stundenlang erklären, wie groß und schwer Autos sind, und dich auffordern, mir die Hand zu geben. Doch ich habe dir 30 Sekunden vorher ein Eis gekauft, das du unbedingt haben wolltest, und ich habe es eilig. Oh ja, es gibt mehrere Wirklichkeiten, als uns auf einmal lieb ist. Ich könnte noch lange auf dich einreden. Wahrscheinlich müsstest du vorher noch aufs Klo, bekommst Durst oder siehst etwas Buntes. Du bleibst in deiner Wirklichkeit bei deinem Eis. Wenn das zwischen uns automatisiert ist – also genug Erfahrung da ist –, wirst du meiner Anforderung Folge leisten und mir einfach deine Hand automatisch reichen und trotzdem weiter bei deinem Eis bleiben und mit mir gesichert über die Straße gehen. Das bedarf je nachdem vielleicht noch einer zweiten oder einer dritten Aufforderung; einer symbolischen: Ich zeige dir zum Beispiel meine Hand, die es zu nehmen gilt, und wir gehen. Die Anforderung ist dann, wenn ich deine Hand greife und dich hinter mir herziehe. Ich denke mir, kleiner Freund, dass ich das tun muss, weil die Straße ja gefährlich ist. Siehst du, ich glaube, Systeme im Außen stellen stets Anforderungen an uns und wir erhalten Aufforderungen. Viele dieser Aufforderungen bedürfen durchaus einer Beschreibung, aber viele eben auch nicht. Der Autoritäre überspringt den Punkt der Beschreibung durch die Festhaltung eines IST und verkürzt die Aufforderung; entscheidet hiermit für dich in jeder Situation, was zu tun ist. Aus Furcht – möglicherweise – vor deiner Entscheidung. Der antiautoritäre Große übergeht die Anforderung und konzentriert sich auf die Beschreibung aus Furcht vor dem Versagen in der Anforderung. Beide machen dasselbe. Sie hören nicht hin. Ihr Profit ist, dass sie den für sie unangenehmen Teil mit dir nicht leben und damit auch nicht erleben müssen. Doch du, mein junger Freund, lernst es: Beschreibungen zur Aufforderung zulassen. Komm, wir gehen und nehmen es hin, ohne es zu verstehen, dass es auch eine Aufforderung ist. Das ist Vertrauen, das du zu den Großen hast, denn es ist überhaupt noch nicht dein Wille – ja, ich sehe es sogar als der Rest des Paradieses, aus dem du kommst, jede Aufforderung zu verstehen. Später wenden sich viele Großen dem wieder zu, dem Führer, der alle Anforderungen für sie versteht, und sie müssen es nur noch tun. Ich halte es für unfair von den Großen, wenn sie dir alles – auch die Grenzen – beschreiben und dir so das Vertrauen und das innere Bett deines Ankers nehmen. Du spürst schon, mein junger Freund, das ist eigentlich das Thema der Großen. Vergiss also meine Beschreibung und lass uns endlich dorthin kommen, wo es wieder spannend wird. Du hörst mir nicht zu! Lern zuhören!

Der Sprachsinn

Wie oft wirst du im Laufe deines Großwerdens diesen Satz wohl hören? Und dann, eines Tages, sitzt du da, die Beine angezogen, oder stehst deine Hände auf die Seite abgewinkelt und schreist es förmlich raus: IHR! DU hörst mir nicht zu! Aber immer in Verbindung mit einem zweiten Satz: Keiner versteht mich! Ihr wollt mich nicht verstehen! Noch viel schlimmer, denn es ist eine Motivunterstellung und die Großen dir gegenüber.

Ach, junger Freund. Du kennst mich, ich gehe von einem großen Mögen aus, einer gesunden Beziehungsebene, hier spreche ich nicht von einem kranken Miteinander. Wo – so frage ich dich – ist der Unterschied? Das ist Sprachsinn. Wenn du hörst: Du hörst mir nicht zu!, impliziert das meist ein Tun in der realen Ebene des Sein. Meist sogar in Verbindung mit einer Anforderung stellst du dieselbe Frage, wie du sie als Kind gehört hast oder aber verwendest du diese Frage als einen Ausdruck einer Emotion, die gleichsam mit dir kocht. Ich kann es mir gut vorstellen, diese logischen Argumente der Großen, die –

wie du meinst – dir nicht zuhören. Höchstwahrscheinlich stehen diese ach so logischen Argumente und Tatsachen einem Ausdruck deines Willens gegenüber und du erlebst eine Negation. Mit Beisätzen wie Du verstehst mich nicht zwingst du den Großen gleichsam auf eine emotionale Ebene und wer sagt, dass das Lernen nicht für beide Seiten äußerst anstrengend und mühselig sein kann? Begreift denn der Große nicht, wie wichtig, ja nahezu lebensentscheidend das für dich ist? Immer diese dem Lebenssinn diametral gegenüberstehenden Argumente. Junger Freund, wie schön, es wird sich nun weisen, wie gut sich dein Sprachsinn ausbilden wird. Es wird sich weisen, welche Struktur in dir ist, welche sein wird. Ob du Charakter und ein gesundes Sein oder ob du ein süchtiges Sein oder ein verlorenes Sein entwickelt hast. Im Sinne des Sprachsinnes bedeutet der Satz: Du hörst mir nicht zu! Unter Umständen will ich es so für meine Darstellung verstanden wissen. Ich kann nicht formulieren, was ich sagen möchte. Es gibt vieles, wofür man seinen Eltern dankbar oder undankbar sein kann. Den Wachstumsprozess eines jungen Menschen in der Entwicklung des Sprachsinnes durchzustehen, gehört da ganz sicher dazu. Ich halte es für außerordentlich schwer, in diesem Prozess als Gegenpart zu dienen. Denn es zeigt sich, dass ein Kind sehr schnell herausfindet, wo in der Sprachsinngestaltung der Große selbst Defizite aufweist. Wurden von dir diese Defizite erst gefunden, dann benutzt du sie und der Große kann normalerweise mit Gewalt oder Resignation – also mit einem Auslassen – reagieren. Beide Reaktionen sind das Zeichen einer tiefen Ohnmacht. Was daraus ausgelöst wird, ist ein Schmerz im Inneren. Sprachsinn, mein Freund, ist die Fähigkeit, das Innere dem Außen zu kommunizieren. Du hörst mir nicht zu – Diese Ansage, dass ich das nicht kann bzw. gar nicht will. Während du also in das Experimentierfeld Sprachsinn eintauchst, wie seinerzeit mit der Bewegung voll darauf zusteuerst, mit all der in dir wohnenden Kraft, beginnst du gleichsam die Grenzen im Großen aufzuwecken, die eine tiefe Trauer in sich tragen, und diese Trauer ist eine Trauer, die der Große alleine mit sich austrägt. Und wenn du davonstürmst in deiner erhabenen Erregung, verbleibt diese Trauer in deinem Sparringspartner.

Ich weiß nicht, ob und wie das schon jemand formuliert hat. Lieber Großer, der jetzt in diesem Moment ganz genau spürt, wovon ich schreibe, ich halte und umarme dich. Man ist so einsam und alleine damit. Möchtest du es auch richtig machen, hast ununterbrochen das Gefühl, dass es nicht reicht? Ich hör dir zu! Leider ist dieser Prozess unglaublich wichtig, denn ohne die Entwicklung eines bestimmten Grades des Sprachsinns bleibt unser kleiner Freund – auch wenn er später groß ist – in seiner Schleife hängen. Doch der sichere Hafen ist dann nicht mehr. Andere Menschen verstehen ihn dann nicht, sein zukünftiger Partner beispielsweise. Ich denke, dass ein Mangel der Sprachsinnentwicklung zu einer Verbitterung führt. Unseren kleinen Freund, wenn er einst groß ist, vergessen lässt, was und wer er ist, die ihn in die Arme von Menschen treibt, die autoritär oder antiautoritär sind. Es ist auch beides dasselbe. Du, Großer, der du gerade in meinen Armen bist, das ist unser Ziel. Unsere Belohnung beim Durchstehen vieler Diskussionen mit blanken Emotionen. Als letztes Geschenk im Begleitungsprozess unserem Kind das Geschenk des Sprachsinns mit auf die Reise des Lebens zu geben. Ein Geschenk, das uns so viel abverlangt. Ein Geschenk, an dem wir selbst wachsen können. Ein Geschenk, das auch eine Aufgabe für jeden Einzelnen bedeutet, denn um dieses Geschenk bereiten zu können, ist es notwendig, über die Fähigkeit des eigenen Sprachsinnes nachzudenken. Es ist notwendig, viel zu vergeben und Nachsicht zu zeigen. Auch sich selbst gegenüber. Es ist notwendig und das größte Geschenk des kleinen Menschen an unsere eigene Großwerdung. Kinder geben uns viel zurück, heißt es. Ich glaube es nicht. Kinder geben uns jedoch eines zurück: Unsere Grenze und die Notwendigkeit des Wachsens, und das ist das schönste Geschenk, das es für uns geben kann.

Ich hör dir zu!

Die Vernunft - Sapere Aude

Junger Freund, umso älter du wirst, umso mehr scheint das Leben kompliziert und undurchsichtig zu werden. Dabei ist es doch so, dass du dir als Kind vielleicht oft gedacht hast, wie leicht das Leben sein muss, wenn du mal groß bist, oder das Gegenteil war gedacht, aber eines scheint bei vielen Menschen gleich zu sein: Sie registrieren im Laufe des Größerwerdens den Unterschied Kind – Jugendlicher – Erwachsener. Im Kindergarten meiner Tochter saß ein kleines Mädchen und weinte. Sie war zornig. Ich wollte von ihr wissen, was denn los sei, und bekam die Antwort: *Dir geht's gut. Du bist ja schon erwachsen.* Sie sei ein Kind und ich erwachsen. Ich wollte dann wissen, wann denn jemand erwachsen ist, und sie meinte: *Du bist mindestens 35 Jahre.* Fein, fein, ich war 28 und fühlte mich keineswegs erwachsen und freute mich. Noch 7 Jahre Zeit, um erwachsen zu werden. Doch diese 7 Jahre sind lange vorbei. Die Frage ist, was wohl bleibt und was einen Menschen erwachsen macht, vor allem wann. Ist es die Fähigkeit, sich selbst zu versorgen, die Tatsache, dass der Wachstumsprozess abgeschlossen ist, die Fähigkeit sich zu vermehren? Die Tatsache, dass ich mir in der Früh selbst zurief: *Komm, aufstehen!* Du merkst, je nach Betrachtung ändern sich die Parameter. Nun wird die Lebenszeit auch dich zwingen, alle diese Phasen zu durchlaufen. Es scheint, das Leben nimmt hier keine Rücksicht auf Lust, Unlust oder andere Dinge. Es trägt dich weiter und mit jedem Jahr, das es dich weiterträgt, stellt sich die Frage nach dem Sinn, dem Ziel oder aber dem Zweck des Lebens. Dieses Kapitel, mein junger Freund, ist eigentlich ein Kapitel für deine Eltern, doch ich spreche mit mir, weil es leichter ist, Gedanken im Diskurs zwischen zwei Menschen zu nehmen als in der direkten Konfrontation. Ich möchte dich aber gerne mitnehmen auf eine kleine Reise in Gedanken und mit Emanuel Kant beginnen. Sapere aude, mein junger Freund. Du erinnerst dich? Habe den Mut, dich deines eigenen Verstandes zu bedienen. Kant nannte es den Leitspruch der Aufklärung. Doch bei Kant zu beginnen, ist eigentlich auch für uns in der Geschichte viel zu spät. Theologie – die Lehre um Theos, Gott, das Sein Gottes, die Bibel – bringt uns lange vor Kant zu einem Mann, der in der Kirche die Geistesströmung des Mystifizismus, welcher aber für unsere Betrachtung bis auf einen Gedanken wenig zur Sache tut, wesentlich mitbegründet und vorgedacht hat. Sein Name – etwas seltsam, wie mir heute scheint – war Meister Eckhart. Nun musst du dir das Mittelalter vorstellen hinter den Mauern eines feuchten Klosters, umgeben von Menschen, die so wie du nur einem Gott ihr Leben gewidmet haben, den sie verehren, anbeten, interpretieren, dem sie sich erklären. Und wie sollen sie auch anderen, schlussendlich der geistigen Erfindung anderer Menschen folgend, die – und das darfst du nicht vergessen – 1000 Jahre Geschichte eines ganzen Kontinents geprägt hat, versuchen jeden Tag ihren Glauben zu bestätigen und wahr zu erhalten, was einfach als Erfindung bezeichnet werden kann. Unser Meister Eckhart – egal, ob als Theologe für den Personenbegriff von Bedeutung oder nicht – kann als radikal gelten und ich verstehe hier den Begriff radikal nicht im Sinne eines – wie wir später noch sehen werden – zerstörerischen, ja, Erich Fromm sprach sogar von Nekrophilen, also den Tod liebenden Wesen des Menschen, sondern, und das ist wichtig für uns, sich in einem System einen Gedanken denkend und formulierend, der das System in seiner Erhaltungsenergie ad absurdum führend ist. Nun, komplizierter Satz vielleicht, doch leicht erklärt. Denn warum, junger Freund, sollst du den Großteil deines Lebens hinter Klostermauern verbringen? Dabei gebe ich dir zu bedenken, dass es ja auch heute noch diese Menschen gibt, die so leben. Um jedoch die Frage zu beantworten, müssen wir verstehen, dass der Mensch in seiner Aktion zumeist einen Profit sucht. Dieser Profit ist entgegen der augenscheinlichen Ansicht nicht zwingend materieller Natur. Gewinne – offensichtlicher und verdeckter Natur – denk nur an Schutz, Strafe, Reue, Nahrung, Sinnstiftung, die Möglichkeit, Verantwortung an ein System abzugeben, und wahrscheinlich noch einige mehr. Du ahnst vielleicht schon, wo das hingeht, und es erzählt viel über uns Menschen. Natürlich bete ich, um Essen zu bekommen, bevor ich verhungere. Natürlich bete ich, um im Trockenen zu schlafen, bevor ich im Feuchten liege. Doch mein junger Freund, das ist auch schon die einzige Erkenntnis der Bedürfnispyramide nach Maslow. Sind diese Lebensbasics erfüllt, ist das dem Menschen schnell zu wenig. Der Mensch ist ein Triebwesen. Er will mehr. Ich habe dir die Kirche schon als Marketinggenie mit dem Ablasshandel gezeigt. Nun sehen wir hier eine weitere taktische Meisterleistung. Ich erfinde eine Welt und war beim Ablasshandel die Garantie des Himmels – also kein Leid und alles ist gut. Es ist das Per se – hat die Kirche vorher das System eines unumstößlichen Gottessystems erschaffen und sie, die Kirche, ihre Anführer, waren die Priester dieser übermächtigen Autorität – und du, mein junger Freund, wer bist du schon? Wie willst du groß tun gegen einen Gott und seine Priester, wo vor dir 1000 Jahre lang Millionen Menschen einen Zwang einer Verehrung, ja einer Wahrmachung unterlegen sind. Zweierlei: Menschen halten wahr, was überliefert wird. Instinktiv, solange dieses *Wahr* für sie akzeptabler Gedankengang ist. Wenn er zu 100 Prozent ein Irrtum ist – nun, um diese Akzeptanz zu gelangen, brauchen wir Menschen einen Benefit. Hier sind wir bei einer Leistung von Meister Eckhart. Das Faktum, mithilfe der Vernunft den eigenen Benefit zu erkennen und bei solchen langgedienten Wahrheiten wie das Gottesbild der Kirche, kann dann von radikal gesprochen werden, auf diesen Benefit zu verzichten? Wie hat Meister Eckhart das gemacht? Dir, mein aufmerksamer Freund, ist wohl nicht entgangen, dass ich nicht Gott schrieb, sondern den Begriff Gottesbild verwendet habe. Eckhart sitzt also da in seinem Kloster – glaub mir, das war kein schönes Leben – es gab kein Bad, kein WC und auch keine Heizung. Es wurde auf offenem Feuer gekocht und der Lebenskomfort war sehr eingeschränkt. Er sitzt also da – unser Denker, in seiner groben, kratzenden Kutte – sieht hinaus und da ist er – der Gedanke. Was tun wir? Er formuliert einen Gedanken, wo und wie ich jetzt annehme er sich der Gefährlichkeit gar nicht bewusst war und zu seinem Glück die Anführer der Kirche zu dumm und von sich eingenommen waren. Der Gedanke, du hast ihn schon lange – alles, was wir von Gott kennen, ist ein Bild, das wir – WIR Menschen – in Gott hineintragen. Er macht also, und dieser Unterschied ist entscheidend – aus seiner Vorstellung ein aktives Interpretieren. Gott ist Liebe, Langmut, Gerechtigkeit, Leben usw. Das sind alles Allgemeinplätze wie alle, jeder, immer usw. Eckhart erkennt, dass alles, was er von Gott zu wissen glaubt, ein aktives Interpretieren ist. Ich will, dass Gott Liebe, Gerechtigkeit, Rächer usw. ist, denn es ist das, was ich mir wünsche, in dem ich meine Ohnmacht erkenne. Gleichsam ist es der Profit, wenn das Glauben nur mehr als Glauben erkannt verlustig wird. Es sei die Vernunft, die ihn bewog – und er war insofern natürlich ein Denker von Format – denn sein Denken war keine Einbahnstraße. Was bedeutet unser aktives Interpretieren für Gott? ER muss sich nach unseren Vorstellungen richten und wie können wir als Menschen das von Gott verlangen. Eckhart befreite somit Gott von der Vorstellung des Menschen. Gott durfte, sollte, ja er musste sogar Gott sein, wie er ist. Ob Eckhart je die Idee hatte, dass auch der Begriff Gott nur ein Bild ist, weiß ich nicht. Wir können aus dieser Geschichte jedoch mehreres mitnehmen: Menschen, die sich sehr religiös und gläubig geben, folgen einem verdeckten Gewinn bewusster und unbewusster Natur. Zum Beispiel mehr Sozialität oder einem materiellen Profit. Radikal bedeutet im konstruktiven lebensbejahenden Sinn den Einsatz der Vernunftbegabung. Siehst du, mein kleiner Freund, Intelligenz finden wir im Tierreich auch. Es mag die Vernunft sein, die uns vom Tier unterscheidet. Das Gegebene, Unhinterfragte hinterfragen und wer, wenn nicht du, mein junger Freund, hat das zu seinem Lebensmotto gemacht. Wie viele Warum hat es wirklich gebraucht, um die Großen zu einer Antwort zu zwingen: *Weil es halt so ist.* Dort ist Vernunft gefragt. Es liegt nun an dir, mein junger Aufklärer, dieses *Weil-es-halt-so-ist* zu hinterfragen, für dich zu hinterfragen, für dich zu akzeptieren (hier sehe ich das Akzeptieren als einen Akt des Skeptizismus), was so viel bedeutet, dass das wahrscheinlich nicht richtig ist, aber bis etwas anderes da ist, können wir es gelten lassen. Nun, mein junger Freund, waren wir ganz zu Beginn bei den Systemen, die dich umgeben, sind wir jetzt ganz bei dir angekommen. Nun, du wirst natürlich mit Recht sagen, dass auch die Vernunft zum Teil durch die Systeme, in denen du groß geworden bist, geprägt sind, aber in dieser Welt ist die Vernunft dein einziges Mittel, um den verdeckten Gewinnen und deren Motiven zu folgen, die dich umgebenden Systeme zu durchschauen. Das bedarf – wie Kant es formulierte – Mut. Es stellt sich sehr oft die Frage der richtigen Erziehung. Ja für deine Eltern ist es sogar wesentlich, sich mit diesem Thema auseinanderzusetzen. Dabei stoßen sie zwangsweise auf zwei Systeme. Autoritär und antiautoritär. Wir haben das bereits besprochen. Aber was, wenn ich dir jetzt sage, dass sie dabei gar nicht über die Erziehung sprechen, sondern ausschließlich über deren Mittel. Unbestritten, mein junger Freund, ist das Leben ab sofort ein unendliches Lernfeld, das du betreten hast. Die Erziehung – egal ob gewollt oder nicht – ist immer passiert und hat den Zweck, dich von einem Säugling hin zu einem erwachsenen Menschen zu führen. Dabei sind viele Dinge notwendig: Bildung, Ausdruck, Verhalten, Konformität in den dich umgebenden sozialen Systemen, aber auch hier definieren wir ausschließlich Allgemeinplätze. Ich möchte es daher etwas abtrennen. Auch wenn ich mir bewusst bin, damit kein großes Ganzes zu beschreiben. Descartes – du erinnerst dich – führte es auf eines zurück. Eines, wo wir beide ihm folgen möchte. Ich kann in allen Dingen, Motivationen, Tatsachen, Anschauungen getäuscht werden – mich sogar selbst täuschen – interessant, nicht? Wie, wenn Descartes seinem eigenen blinden Fleck auf der Spur war, doch worin kann ich nicht getäuscht werden? Dass ICH ein denkendes ICH ist. Und ich möchte mit dir an diesem Punkt bleiben. Ob ein anderer denkt, dass das Descartes klar war, kann er nicht mit der Gewissheit der Ungetäuschtheit sagen. Ich bin froh, dieses Denkmodell aufgreifen zu können, aber dass er ... dass er denkt, das ist für ihn selbst unbestritten. Nun, wir haben uns vorher darüber unterhalten, dass wir viele Dinge, Tatsachen einmal in unserem Leben voraussetzen müssen, damit wir funktionieren. Es ist sozusagen eine fortgesetzte Abfolge von einem *TUN als OB*. Damit Bewegung – egal welcher Art – in unserem Leben stattfindet. Insofern müssen wir beide uns auf eine gemeinsame Vorgehensweise einigen und so tun, es als unumstößliche Tatsache für den Moment annehmen, als würden wir beide ungetäuscht denken. Denn in dieser Annahme – und du merkst hier den Unterschied zwischen einem Philosophen und einem Beobachter des Alltages – gibt uns beiden diese Reduktion die Möglichkeit, gleichsam als Beobachter zu denken und so den verdeckten Gewinnen ein kleines Schnippchen zu schlagen. Du und ich – wir sind jetzt sozusagen radikal in unserem Denken. Es bedeutet für uns, dass wir uns über unser Denken unterhalten können. Nun würde jeder meinen, Denken ist Denken, doch wollen wir das Wort Denken als einen Begriff sehen und was, mein junger Freund, ist ein Begriff schon mehr als eine Inhaltstruhe. Wenn wir hier diskutieren, findet Denken statt. Ein Denken, das wir der Vernunft zuordnen möchten. Dabei kommt uns noch Zweites zugute: unsere Intelligenz. Die Vernunft lehrt dich nicht Lesen und Schreiben, auch Mathematik mit Vernunft zu lösen oder Werkzeuge vernünftig bauen, könnte wirklich schwierig sein. Doch – du und ich – wir sind intelligent. Es ist dem Menschen sehr wichtig, intelligent zu sein, und einige Menschen haben diesbezüglich Tests erfunden, um diese Intelligenz zu messen. Wir beide jedoch bleiben bei unserer Truhe, da finden wir die Vernunft und die Intelligenz. Die Intelligenz möchte ich mit Steinen vergleichen, die in der Truhe sind. Ui, ist die Truhe schwer. Zugegeben, Rollschotter hat ganz schön gewischt. Die Vernunft aber, sie definiert, welche Art von Steinen in der Truhe sind. Und wie der Rollschotter seine Berechtigung hat, sind auch Diamanten ab und zu vonnöten. Doch was ist der Unterschied zwischen Vernunft und Intelligenz? Beide folgen einer inneren Motivation. Es ist gleichsam ein *ich will.* Ich will etwas erkennen, ich will etwas erreichen. Die Motivation ist wohl eine andere, denn die Vernunft will eines: erkennen und hinsehen, aufdecken. Intelligenz hingegen hat stets ein Außenziel. In einem Umfeld der Werte und Ideale hat der die Nase angeblich vorne, der sich selbst am besten durchbringt. Doch was gehört da alles dazu? Jede Gesellschaft folgt Werten und Zielen, die sich durch die Gesamtheit des Systems ergeben. Eins und eins ist drei. Du kannst diese Zahl unendlich ausweisen. Ja, es fällt mir hier sogar ein Bibelspruch dazu ein: Wo immer sich zwei oder mehr IN meinem Namen zusammenfinden, werde ich bei ihnen sein. Dies verspricht Gott seinen Gläubigen und es stimmt: Wir finden in diesem Satz Zutaten für unsere Thesen. Einer reicht nicht. Denn siehe unsere These: Eins und eins ist weder zwei noch null. Zweitens: Durch den Zweiten ergibt sich ein System. Wie entsteht nun Gott? Hier kommen wir zu Punkt Drei. Dies sich in meinem Namen zusammenfindet. Das ist für uns ein deutlicher Hinweis, umgedeutet bedeutet dieser Satz doch nichts anderes als: Es kommt Gott – also das Dritte in die Gruppe – erst dadurch, dass sie es wollen, dass er kommt. Nun hat die Kirche wohl ein Dilemma und hier schließen wir den Kreis zu Meister Eckhart: Wie lautet denn der Name Gottes der Katholischen Kirche? Jesus ist ja sein Sohn, die Maria die Mutter usw. Millionen Menschen beten Tag für Tag einen Gott an, und dieser Gott ist dann auch unter ihnen. Wie wohl für Wunder sind dann doch Erscheinungen und Heilige zuständig und er hat keinen Namen. Dieses *keinen Namen* bedeutet, kommt mit seinem Gottesbild in die Kirche. Stellen sich nun genügend Gläubige Gott in einer ähnlichen Art und Weise und Definition sowie Anspruch vor, entsteht das, was Teile der Sozialpsychologie später ein Mem nennen werden. Sozusagen sein kollektives Sozialgedächtnis. Unser Leben ist voll von solchen Mems. Und hier, mein junger Freund, war es eben die Leistung von Meister Eckhart. Er hat auf eine Art und Weise, die er später selbst als Vernunftsarbeit beschrieb, genau diesen

Punkt herausgearbeitet. Die Summe der Gläubigen erzeugt gleichsam einen Gott. Dieser Gott ist als Drittes ein Produkt, aber nicht Gott selbst. Inwiefern hilft uns diese Geschichte? Nun schau dich doch einmal um: Gegenstände, Informationen, Menschen. Menschen, die Informationen teilen, Menschen, die Gegenstände über Informationen – zum Beispiel Werbung – teilen. Menschen, die Gegenstände wollen, um wie andere Menschen zu sein. Wir sprechen hier auch von Systemen. Denk nur: soziale Systeme, politische Systeme, Wirtschaftssysteme, Begriffe wie Kultur, Zugehörigkeit (dem ZuHÖRIG – also unterwerfend sein), Schulsystem, Krankensystem, und mit etwas Nachdenken fallen uns höchstwahrscheinlich noch viele weitere Systeme ein. Doch du und ich – wir leisten hier und heute Denkarbeit, die weit über das Aufzählen von Gegenständen hinausgeht. Wenn wir beim Denken beginnen, dürfen wir die Frage stellen, wie lange unser Denken geht, bis wir gleichsam das erste MEM in uns trennen. Ist, anders formuliert, das ICHsein im Denken überhaupt möglich oder wird nicht jedes ICH im Denken sozusagen von einem in uns abgelegten Mem umgelenkt? Das ist eine gefährliche Richtung, in die wir uns bewegen. Denn hier müssen wir uns die Frage stellen, wenn eins und eins drei ist, (Aristoteles zum Beispiel hat es sich da leicht gemacht: tertium non datur – das Dritte gibt es nicht) gibt es dann das EINS noch? Nun, ich halte hier die Konstruktivisten – radikal oder nicht – für etwas schlampig im Denken, denn diese Frage ist eine entscheidende. Was passiert mit dem ICH, dem EINS im DRITTEN? Das Dritte wird sozusagen zu einem Teil in mir, ohne ein Teil von mir zu sein.

*1 Schelling löste so den Ansatz der Theodizeefrage. Warum lässt Gott das Böse zu? Weil, und mit dieser Erkenntnis spricht er aus, was Meister Eckhart versucht hat, zu formulieren, es einen Gott in Gott gibt, der kein Teil von Gott ist. Wenn Gott gleichsam das Böse zulässt, so ist es NICHT die Motivation oder das SELBST Gottes, sondern immer der gedachte Gott, der, wo sich zwei oder mehrere in seinem Namen zusammenfinden.

Doch wie reagiert das ICH? Man müsste meinen, mit einer großen Portion Stress. Die Existenzialisten unter den Philosophen folgten diesem Stress. Aber für unsere Betrachtung ist es wichtiger zu erfahren: Was tut mein ICH? Es besinnt sich seiner Intelligenz und gebraucht sie, um seinen Platz im Leerraum des Dritten zu suchen. Es lernt die Spielregeln, versucht die Mechanismen zu begreifen und zu beherrschen und zu seinen Vorteilen und zu seinem Nutzen zu gebrauchen. Die Intelligenz ist das, was dich direkt ins Dritte führt. Dich dort als Lebenssinn und Zweck manifestiert und dich weiterbringt. Interessanterweise passiert dann Folgendes: Dadurch, dass du mit deiner Intelligenz versuchst, Einfluss in und auf das System zu nehmen, bringst du gleichsam eine Idee Gottes – du erinnerst dich – mit ein und wenn auch nur geringfügig, aber doch bekommt das System mehr Substanz, mehr Richtung oder es beginnt zu zerfallen: Wenn wir an die Szene mit dem kleinen Kind im Supermarkt zurückdenken, so befinden wir uns jetzt genau in dieser Situation. Es gilt hier zu verstehen, dass jedes System einen Benefit, einen Gewinn (das ist die Karotte vor der Nase) bereithält. Dieser Benefit ist ein offener, ein versprochener, illusionärer – denk nur an den Ablasshandel der Kirche – oder aber ein verdeckter. Aber eines ist er immer: ein

Schmeichler deines EGOs. Notwendig, aber jetzt auf unserem Gedankenweg eben nicht zwingend notwendig wäre es, sich die Truhe EGO näher anzusehen. Für unseren Gedankengang: Nennen wir das Ego einfach den Teil in uns, der will. Das ist in seiner Extremform natürlich etwas schlecht besetzt, öffentlich. Jedoch gilt, dass das EGO per se uns Menschen als ein im Außen zielhandelnden Menschen auszeichnet. Denk nur, jedes Tier lebt in seinem Umfeld seiner Natur entsprechend. In der Natur – also diesem gesamtheitlichen Riesenorganismus, der unsere Erde bezieht. Dabei bildet sich je nach äußerlichen Bedingungen so etwas wie ein Prozess des Gleichgewichtes. Mir scheint, dass wir Menschen in unserer Art dazu bestimmt waren, diese Systeme zu imitieren und selbst zu schaffen. Ja, den Versuch zu wagen, eine Lebenswelt Mensch gleichsam zu kreieren. Die Natur wurde vom Menschen als lebensfeindlich empfunden und mit dem Feuer und der ersten Steinaxt fing er an, sich vor diesen lebensfeindlichen Elementen zu schützen. Interessanterweise konnte ich dabei nirgends finden, dass der Mensch andere Menschen als Teil der Natur und damit allzu oft als

Teil der Feindseligkeit empfand. Es scheint, als war es unserer Spezies nie möglich zu sagen: DU bist ein anderes ICH. Warum? Nun, mein junger Freund: Es liegt auf der Hand. Der Mensch musste Gruppen finden und Gruppen sind wiederum Systeme. Es scheint, Menschen erkennen Menschen aus anderen Menschengruppen nicht, weil wir sie vom Standpunkt unseres Systems heraus sehen. Doch wir sind immer noch bei der Intelligenz. Es war und ist immer die menschliche Intelligenz, die es möglich machte, dass Gruppen ihre Ziele verfolgen und erreichen konnten. Doch dem Benefit der Begegnung der natürlichen Feindseligkeit folgte der Benefit in den Lebenssystemen. Nun ist zur Erreichung eines jeden Benefits eine Art der Manipulation möglich: technischer Natur – Homo faber, überzeugender Art usw. Um der Natur zu begegnen, wurde der Mensch ein Beweger. In der Gruppe, die bewegt, ein bewegter Beweger. Der Mensch verfügt über Fähigkeit der Bewegung, die wir auch Manipulation nennen können, jedoch müssten wir auch hier zuerst den Begriff der Manipulation etwas eingrenzen. Haben wir unsere Intelligenz und das Wissen uns selbst zu verdanken? Aus einem ICH wurde gleichsam ein ICH in Bewegung in der Form, in der das EGO entstand. Mein junger Freund, wir befinden uns hier tatsächlich an einem wichtigen Punkt, denn das ICH ist nicht EGO. Jedes System hat einen Zweck. Zur Erreichung dieses Zweckes bedarf es Mittel und der Zweck strebt immer nach Erfüllung: Das ist Befriedigung. Psychologen etc. führen hier gerne Triebe usw. an, weil sie aus der Sicht des EGOs – also der bewegten Beweger – agieren. Ich denke, wir haben hier Schelling aufgelöst und du und ich können sehr zufrieden sein. Das EGO könnte nach Schelling also als jene Gesamtheit bezeichnet werden, wo es einen Teil in mir gibt, der kein Teil von mir ist. Um diese Gesamtheit zu bewegen, bedarf es einer hohen Fähigkeit der Intelligenz und denk nur, mein junger Freund, wie schnell sich die Systeme bewegen. Wie der Homo Faber fortstreitet, und unsere EGOs bewegen sich mit dieser Geschwindigkeit und werden gleichsam angestoßen zur Geschwindigkeitserhöhung. Das EGO hat Bedarf und hier ist ein großer Unterschied zwischen EGO und ICH. Denn während das ICH sehr wohl Bedürfnisse hat und entwickelt, hat das EGO Bedarf. Wir können uns hier zurücklehnen, tief durchatmen und merken, wo der Weg hingeht. Das System und die System-EGO-Mitspieler können nie in der Lage sein, sich um ein ICH, um dein ICH, zu kümmern. Stattdessen gilt stets die Bedarfsregelung. Amerikanische Soziologen und Psychologen haben dafür etwas geschaffen, was sich BEHAVIOURISMUS nennt. Wir steuern den Menschen durch seinen Bedarf oder – da wir uns ja auf der Ebene der Bewegung, also der Manipulation befinden – durch eine künstliche Bedarfs-Vorgaukelung, Bedarfsschaffung und glauben so, Kontrolle auszuüben. Sieh dir unser Beispiel mit der Kirche an. Es gibt dann Verhaltensforscher und Verhaltenstrainer, doch wir zwei kennen den Leitspruch von Emanuel Kant: DER MENSCH IST STETS ALS EIN ZWECK UND NICHT ALS EIN MITTEL AN SICH ZU BETRACHTEN.

In dem Umfeld System ist unser EGO jedoch Mittel, und selbstverständlich ohne dass wir uns hier viel vormachen müssen, behandeln wir auch andere Menschen als EGOs, und damit machen wir sie gleichsam zum Mittel unseres Bedarfes. Dieses Spiel optimal lernen, mein junger Freund, nennt sich in Summe: ERZIEHUNG. Nun leben wir in einem Umfeld, das – geprägt durch den Gedanken der Wirtschaft, des Fortschritts, der Vernetzung – den Menschen nur mehr als Mittel und nicht mehr als Zweck sieht. Was also bedeutet es, erwachsen zu werden? Greifen wir doch den Inhalt von vorhin auf. Die Behavioristen in Verbindung mit den Kybernetikern hatten so viel Einfluss auf die Wirtschaft und die Wirtschaftslehre. Welch Begriff, wir haben ein 100-prozentiges System, das immer ein neues Drittes schafft, und das EINS denkt über das DREI nach. Der Mensch wurde dadurch zu einem Konsumenten. Und in den letzten Jahren überraschend schnell zu einem USER und genau hier, denke ich, liegt der Unterschied, den es zu beachten gilt. Der Mensch, nein, es ist das EGO und wie unser EGO auf Zug geht. Die Intelligenz erkennt die Möglichkeiten, ja tatsächlich ist es der Bedarf – vorhanden oder nicht –, der sich durch seine unglaubliche Fülle an Bedarfsdeckungsmöglichkeiten das EGO zu einem bewegten Beweger macht. Doch wie können Systemlenker, also die Manipulatoren, die erwünschte Richtung vorgeben und was hat das mit dem Erwachsenwerden zu tun? Erinnere dich, es gibt einen Teil in uns, der kein Teil von uns ist. Stell die Vernunft über die Denkfähigkeit und überlege, dass das dieses sich selbst Bedenken können inkludiert. Du erinnerst dich, wie lange es dauert, bis du von dir selbst allein in erster Person sprichst. Die Denkfähigkeit des ICH. So ist die Intelligenz vergleichbar mit der Denkfähigkeit, die jeder von uns dem Teil in uns zur Verfügung stellt, der kein Teil von uns ist. Du wirst später hören, dass Menschen ihre Mitte suchen. Ja, unsere Antreiber stellen Methoden wie eine Work-Life-Balance zur Verfügung. Das System bringt die Therapeuten, Coaches, Berater alle in denselben Schwingungszustand, und das im selben System. Burnout, Krisen etc. Beobachte doch die Großen, so wie einst das Kind im Supermarkt: Stell dich hin und beobachte, was sie tun, wie sie sprechen, wie klein oder groß ihre Grenzen sind und vielleicht bemerkst du es: das Motiv ihrer Handlungen. Sie nennen es bewusst oder unbewusst Angst und dann stehen hier auch Menschen in aller Ruhe vor dir, bewegen sich und sind anders. Wo liegt der Unterschied? Nun findet innerhalb des geschützten Rahmens daheim als Kind eine Erziehung sehr stark systemorientiert statt. Kindergarten, Schule etc. Denn du sollst ja Teil werden. Dann gibt es die braven systembezogenen Kinder und die schlimmen, die ichbezogenen Kinder – auch ein übles Thema und wir wollen uns dessen annehmen wie Denker. Doch wir müssen uns bewusst sein, dass dies alles auch Teil unserer Geschichte selbst ist. Erwachsen ist also der, der aus dem geschützten Rahmen seiner Eltern selbstständig herausschreitet und ohne Schutzblase im System ein bewegter Beweger wird. Das bedarf etwas, das die Menschen allgemein als Selbstbewusstsein nennen. Sich seiner selbst bewusst ist jedoch etwas irreführend. Ich stelle mir selbstbewusst als einen Prozess vor. Eine funktionierende Interaktion der beiden Denkteile: Das ICH und der Teil in mir, der kein Teil von mir ist. Diese Dualität ist es, die es zu bewahren gibt. Sobald das ICH auf ein ICH hilft, wo der Teil in mir, der kein Teil von mir ist, einen bestimmten Anteil überschreitet, wird das EGO zu einer Übergröße im Sein. Selbstverständlich gilt das auch in der anderen Richtung und es kommt in beiden Fällen zu einer Störung der gesunden Dualität, die ein Sichselbst-Bewusst darstellt. Dieses Sichselbst-Bewusst führt aber auch dazu, dass der Mensch beginnt, sich zu begreifen, beginnt, sich seiner Position und seinem Vermögen entsprechen einzuordnen, und findet gleichsam seine Position. Der Mensch wird erwachsen. Erziehung ist nicht mehr möglich.

Ich sehe tatsächlich einen großen Zusammenhang zwischen Erziehung und Erwachsenwerden und wie ich vermeine, mein junger Freund, gelingt das so wenigen Menschen. Sapere aude in unserer schnell bewegten Zeit. Dieser Zustand des Erwachsenseins kann man, und das ist das spannende, nicht simulieren. Ein Tun als ob ist de facto unmöglich, denn, und das ist wohl die schmerzvollste Erfahrung: ES IST oder IST eben NICHT. Der Wert der Vernunft für den Menschen zeichnet sich nun klar heraus. Es ist die Leistung der Vernunft, uns als ein ICH und ein ICH BIN wahrnehmen zu lassen. Ich denke, mein junger Freund, mehrerlei scheint etwas schwierig zu sein. Ist es das Begreifen, dass es einen Teil in uns gibt, der kein Teil von uns ist, denn die Bedeutung haben wir klar herausgearbeitet, nicht jede Handlung und Entscheidung, ja so gut wie gar keine, treffe ich als ICH, sondern stets als eine

Person. Wann immer wir im Zusammenhang mit Systemen oder in einem System von mir als ICH sprechen, meinen wir tatsächlich die Person, die wir darstellen. Für Selbige gilt dann die beschreibenden Prädikate unserer Umwelt. Nett, böse, launisch, freundlich etc. Diese Beschreibung kann als Reflexion der Umwelt wahrgenommen werden und wenn wir uns selbst reflektieren, dann immer nur in unserem Wirken in Wechselwirkung mit dem System. Dabei simplifizieren wir und reduzieren meist auf ein bis zwei Personen, die dann gleichsam unser ICH imitieren. Die Täuschung, von der Descartes sprach, findet nun wohl genau hier statt, denn während unser ICH denkt, fühlt, glaubt, sich mit anderen ICHS zu vergleichen, vergleicht sich nur die eigene Person als der manipulierte und manipulierende ICH-Teil, die Person und ihr EGO mit anderen. Nun wird auch der Unterschied zwischen Ethik und Moral klar. Ethik ist das, was das ICH in uns als richtig oder falsch empfindet. Denke nur, das ICH erkennt den anderen als ICH-gleiches, also als ein anderes ICH, und sowie ich mich selbst nicht töten oder verletzen würde, so würde ich selbstverständlich das andere ICH nicht verletzen oder töten. Im System der Personen schaut das schon anders aus, denn hier finden wir die Moral. Moral produziert aber etwas, das die Ethik nicht kennt: Täter und Opfer. Im Allgemeinen findet unser Lebenssystem zum Beispiel das Verletzen oder Ermorden verurteilenswert. Passiert es innerhalb des Systems, wird die betreffende Person zur Verantwortung gezogen. Nun unterscheiden sich zwei Systeme: jenes, das das Leben im System als schützenswert betrachtet, und jenes, das bereit ist, die Systemvergehen mit dem Töten des Systemstraftäters zu ahnden. Es ist wohl klar, welches dieser beiden Systeme zuerst auch Leben aus ihren bedrohten oder bedrohend gemachten Systemen tötet. Dieses Töten ist auch dann durch die Berufsbezeichnung Scharfrichter, Soldat etc. moralisch durchaus in Ordnung. Es darf der Schluss gezogen werden, dass Menschen, die in ihrer Ethik kein Problem mit dem Töten haben, eine Störung des Erkennens haben: Das ICH trifft keine anderen ICHS, sondern nur Personen, die in diversen Organisationen von staatlichen Institutionen hervorragend aufgehoben sind. Wir kennen also den Unterschied zwischen Moral – die hat jeder – und Ethik. Ethik will wie die Vernunft und ein gesundes ICH als ICH SELBST und nicht ICH BIN entwickelt, gepflegt werden. Während Moral erzogen wird und vorausgesetzt werden darf, findet Ethik wenig Ansprechpartner im Außen. Vor was aber jeder Mensch früher oder später steht, ist der Punkt, wo sich Moral und Ethik nicht mehr ausgehen. Bleiben wir bei dem Extrembeispiel: Der Staat gibt dir eine Waffe in die Hand und fordert dich auf, einen anderen Menschen zu erschießen. Wie handelst du? Und was fragwürdig ist: Während das System es sich leistet, in der Schule auf die Gräuel des Krieges und dessen Verwerflichkeit hinzuweisen, ist es, kaum dass du volljährig wirst, derselbe Staat, der dich den Umgang mit der Waffe lehrt, um dein Vaterland zu verteidigen. Du, mein junger Freund, hast durch dieses Beispiel nun ganz schnell die Möglichkeit, dein Umfeld zu prüfen. Moral oder Ethik. Erinnere dich: der nekrophile Mensch. Also der Mensch, der Ethik nicht erkennt, weil sein ICH zu schwach ist. Er wird dir sogar reinfahren und dich auf die Falschheit deines Gedankens hinweisen und deine Argumentation wird entweder auf Angst oder Bedrohung abzielen. Doch so wie das System in diesem Beispiel Moral und Ethik in Konflikt bringen, so passiert das im System permanent mit vielen Kleinigkeiten.

Der kleine Mensch zeigt Gefühle

Junger Freund, wir haben uns viele Aspekte des Lebens angesehen und festgestellt, dass es immer wie ein Drittes gleichsam ist, wenn du und ich einander täglich, ja nahezu in jedem Moment unseres Seins begegnen. Einem Sein, in dem im Jetzt genau noch eines fehlt: der Anteil Ich, der uns mitteilt, wie es mit uns in unserem Sein aussieht. Und während sich viele Philosophen das Leben zum Gegenstand Ihres Denkens gemacht haben, scheint es, als würden sie das Sein im Ich gleichsam ignorieren. Sie denken unser menschliches Sein in Form eines Personenbegriffes von Dir und mir; damit reduzieren sie dich und mich aber auf jenen Teil, der in Beziehung steht, und machen uns so zum Gegenstand ihres Denkens. Doch erinnern wir uns an Kant: Es gilt stets, der Zweck zu sein und nicht das Mittel, aber die großen Denker machen um zwei Begriffe riesen Bögen, als wenn es sie nicht gäbe: Gefühle und Emotionen. Es wirkt im ersten Augenblick, als seien es schwarze Flecken im Denken. Inseln, die es zu umschiffen gilt, und gar manchem Philosophen wäre es wohl das Liebste gewesen, Gefühle und Emotionen aus ihrem Denken gänzlich streichen zu können. Als ob es die Angst gäbe, sich zu blamieren. Ich jedoch bin kein großer Philosoph. Der einzige Mensch, der mein Denken kennt, bist du. Und ich werde dieses Minenfeld der Gefühle und Emotionen gemeinsam mit dir wagen. Wir wagen damit aber auch eine Reise im Denken, die wenige vor uns jemals gegangen sind. Gefühle, Emotionen – du musst wissen, dass es uns möglich ist, zu definieren, wann wir von etwas sprechen. Es scheint, als wären Emotionen stets Bestandteil von Gefühlen, doch Gefühle sind tiefere Ausdrücke eines Seins. Gefühle sind wohl das, was Kant a priori nannte. Ein vor den Dingen gleichsam. Wohingegen Emotionen immer ausgelöst werden. Denke nur an Angst und Freude. Wir werden also im ersten Schritt versuchen, die Dinge ein wenig auseinanderzuklauben und alles dort zu lassen, wo es hingehört, und wir fügen dann den Intellekt hinzu. Der Intellekt sagt uns, dass es einen Zusammenhang geben muss zwischen Gefühlen und Emotionen. Kant, der ein a priori und ein posteriori definiert hat, wäre hier wohl hochzufrieden. Denn durch was als durch eine Emotion äußert sich ein Gefühl? Emotion ist daher stets eine Äußerung. Etwas, das von innen ins Außen gebracht wird. Ein posteriori – eine Regung. Hier bemerken wir den ersten großen Unterschied. Das Gefühl bedarf der Regung und die Möglichkeit, Ausdruck zu finden. Es scheint, folgt man diesem Gedankengang, dass das Gefühl ein Sein, vielleicht sogar ein Ur-Zustand ist, Gefühle sind also in uns. Ob der Teil, die Idee Mensch oder einfach der Mensch selbst, möchte ich hier dahingestellt lassen. Über Gefühle nachzudenken, führt oft zur Emotion. Doch wovon sprechen wir dann? Wir halten in unserem Denken Emotionen als Teil des Gefühls mindestens in Ausdrucksform und damit, junger Freund, begehen wir einen Kardinalfehler. Denn so wie die Lösung nie ein Teil des Problems ist, ist die Emotion nie ein Teil des Gefühls. Du wirst es später merken, wenn du auf einmal aufgewühlt vor jemandem stehst und er/sie versteht dich einfach nicht. Dabei bist du doch so klar. Denkst du. Wohl der größte Klassiker ist hier die Eifersucht und die Kränkung. Denn setzt jemand eine Handlung der Kränkung, wirst du zum Beispiel auf Basis des Inhalts der Kränkungssetzung in der Lage sein, die Kränkung zu definieren. Und jetzt wird es komplex. Trifft die Erklärung nicht auf eine gefühlsbesetze Zustands- und Empfindungsebene, wirst du in der Lage sein, dich mitzuteilen. Du siehst, und abermals kann ich es nicht verheimlichen, dass das menschliche Miteinander oft sehr komplex sein kann. Anders, wenn deine Kränkung auf der Gefühlsebene ausgelöst wird. Denn dann kam sie auf einer Ebene zum Ausdruck, die mit der Handlung bzw. mit der Äußerung der anderen Person nichts gemein hat. Dann sagen wir zwar, was wir meinen, bloß wir meinen nicht, was wir sagen. Dein Gegenüber wird mit Ablehnung, Unverständnis und wahrscheinlich Abneigung reagieren, da er/sie tatsächlich nicht Teil dieser Kränkung ist. Und da kommt noch eines hinzu. Nennen wir es Körpergedächtnis, denn dem Geist, dem Gefühl folgt der Körper durch Wahrnehmung mit all seinen Sinnen. Geruch, Sicht, Temperatur, Gehör und mit etwas Glück reicht die ausgelöste Gefühlsäußerung, dass schon beim Anblick eines Fahrrades, Autos etc. der Puls in die Höhe schnellt, und es wirkt, als ob alles in dir hochkommt. Junger Freund, Menschen, zum Beispiel Liebende, versuchen absichtlich solche Momente immer wieder zu schaffen, um das Gefühl in sich wieder zu spüren. Andererseits begegnen wir in Momenten der Ablehnung, ohne das selbige sie sich es verdient hätten, und eines verspreche dir, du wirst dann, in dieser – nennen wir sie destruktiven – Gefühlslage geneigt sein festzustellen, dass deine Ablehnung gerechtfertigt ist, wohingegen durchaus die Gefahr besteht, dass du im umgekehrten Fall, nämlich der Wiedererweckung feststellen wirst, was dieses Mal anders ist und dir so der Zugang verwehrt bleibt. Damit passiert das, wo Konstruktivisten von einer selbsterfüllenden Prophezeiung reden. Ich habe ja gewusst, ach du verkehrte Welt. Wir müssen also in unserer Betrachtung unterscheiden zwischen destruktivem Gefühlszustand und konstruktivem Gefühlszustand und emotionalen Äußerungen dieser beiden Zustände. Weiter ist es wichtig, dass wir uns bewusst werden, dass wir Emotionen anderer bewerten und interpretieren und dazu neigen, Gefühlszustände des anderen zu definieren. Erinnern wir uns zurück. Ich habe im ersten Teil beschrieben, wie zwei Menschen, die miteinander Blasen bilden können, ein gemeinsames Drittes bilden können. Für mich der höchste Ausdruck eines konstruktiven Gefühlszustandes. Wir bezeichnen diesen erlebten Zustand vielleicht auch als Liebe. Großes Wort. Denn was ist Liebe anderes als die Beschreibung eines Gefühls, das uns Menschen durch und durch erfüllen kann. Müsste ich einen Unterschied in den Geschlechtern formulieren, so würde ich sagen, dass das eine Geschlecht sagt, ich liebe dich nach dem Erlebten in so einer Blase, während das andere Geschlecht der Liebeserklärung weitere Blasen vorwegnimmt und sich eher nicht auf das erstere bezieht. Deswegen vielleicht ist dieses Geschlecht dem allgemeinen Vorurteil nach der Mann, der eher sparsam mit Liebeserklärungen umgeht, doch Ausnahmen bestätigen den Irrtum. Nur eines ist dann unbeirrbar: Die Liebe als Gefühl im Ausdruck eines gemeinsamen Dritten bringt in dem Moment, wo einer der beiden ein weiteres Drittes verweigert, sofort und nachhaltig den Liebesschmerz und den daraus folgenden Liebeskummer. Und dann, mein verliebter junger Freund, kommen sie, die Tröster, und sagen dir, lass sie doch gehen, vergiss sie. Du kannst nicht. Und jetzt, mein junger Freund, muss ich es in aller Brutalität sagen: Der oder die andere vermisst du nicht. Was dir fehlt, ist das Dritte. Kant sagte, dass der Mensch nicht Mittel, sondern Zweck ist. Ist also dein ach so geliebter Mensch Mittel oder lässt du es zu, dass er/sie als Zweck für sich bestehen darf. Wir leben hier den ureigensten Ausdruck eines Konfliktes. Eines Konfliktes, der in dir seinen Ausgangspunkt findet. Konflikte aber sind das zentrale Element in der menschlichen Sozialität im System Mensch mit Umwelt. Heraklit, der alte grantige Vorsokratiker. Heraklit erkennt, dass der Krieg/Konflikt der Vater aller Dinge sei. In unserem Gedankenmodell, mein junger Freund, kannst du viel ableiten und es entstehen schon wieder Themen, die es durchaus wert sind, sich etwas später näher mit ihnen zu befassen.

.